Team Excellence

Caroline Rotter

Team Excellence – Menschsein im Business

Wie du als Führungskraft die WIR-Intelligenz in deinem Team aktivierst

Caroline Rotter
Salzburg, Österreich

ISBN 978-3-662-69077-2   ISBN 978-3-662-69078-9 (eBook)
https://doi.org/10.1007/978-3-662-69078-9

Die Deutsche Nationalbibliothek verzeichnet diese Publikation in der Deutschen Nationalbibliografie; detaillierte bibliografische Daten sind im Internet über https://portal.dnb.de abrufbar.

© Der/die Herausgeber bzw. der/die Autor(en), exklusiv lizenziert an Springer-Verlag GmbH, DE, ein Teil von Springer Nature 2024

Das Werk einschließlich aller seiner Teile ist urheberrechtlich geschützt. Jede Verwertung, die nicht ausdrücklich vom Urheberrechtsgesetz zugelassen ist, bedarf der vorherigen Zustimmung des Verlags. Das gilt insbesondere für Vervielfältigungen, Bearbeitungen, Übersetzungen, Mikroverfilmungen und die Einspeicherung und Verarbeitung in elektronischen Systemen.
Die Wiedergabe von allgemein beschreibenden Bezeichnungen, Marken, Unternehmensnamen etc. in diesem Werk bedeutet nicht, dass diese frei durch jedermann benutzt werden dürfen. Die Berechtigung zur Benutzung unterliegt, auch ohne gesonderten Hinweis hierzu, den Regeln des Markenrechts. Die Rechte des jeweiligen Zeicheninhabers sind zu beachten.
Der Verlag, die Autoren und die Herausgeber gehen davon aus, dass die Angaben und Informationen in diesem Werk zum Zeitpunkt der Veröffentlichung vollständig und korrekt sind. Weder der Verlag noch die Autoren oder die Herausgeber übernehmen, ausdrücklich oder implizit, Gewähr für den Inhalt des Werkes, etwaige Fehler oder Äußerungen. Der Verlag bleibt im Hinblick auf geografische Zuordnungen und Gebietsbezeichnungen in veröffentlichten Karten und Institutionsadressen neutral.

Planung/Lektorat: Mareike Teichmann
Springer Gabler ist ein Imprint der eingetragenen Gesellschaft Springer-Verlag GmbH, DE und ist ein Teil von Springer Nature.
Die Anschrift der Gesellschaft ist: Heidelberger Platz 3, 14197 Berlin, Germany

Wenn Sie dieses Produkt entsorgen, geben Sie das Papier bitte zum Recycling.

Geleitwort

In einer Zeit, in der die Geschwindigkeit technologischer Innovationen, der Wandel in der Arbeitswelt und die immer stärkere Vernetzung unser tägliches Leben prägen, gibt es etwas, das unverändert bleibt: die unschätzbare Bedeutung menschlicher Zusammenarbeit. Genau hier, im Spannungsfeld zwischen fortschrittlicher Technik und bewährten Traditionen, lädt uns Caroline Rotter mit ihrem Buch „Team Excellence – Menschsein im Business" dazu ein, die Führung und Entwicklung von Teams in Unternehmen aus einer frischen, praktischen und persönlichen Perspektive zu betrachten.

Das Geheimnis erfolgreicher Unternehmen hat viele Komponenten – eine wesentliche ist die Kunst, die Menschen mit auf die Reise zu nehmen. Sie zu inspirieren und sie für ihren Beitrag und die Teamarbeit zu begeistern. Eine solche Kultur bietet den Rahmen, in dem alle Menschen ihre individuellen Fähigkeiten einbringen können, wodurch die kollektive Stärke des Teams zur treibenden Kraft des Unternehmens wird.

Caroline Rotter beschreibt anschaulich, dass leistungsstarke Teams nicht einfach durch Zufall entstehen. Sie sind vielmehr das Ergebnis einer sorgfältigen Kultivierung und Pflege der Beziehungen zwischen den Teammitgliedern, eingebettet in eine bewusst gestaltete Unternehmenskultur.

Anhand ihrer reichhaltigen Erfahrung aus der Praxis zeigt sie auf, wie Führungskräfte durch Werte wie Vertrauen, Respekt und Wertschätzung nicht nur die Leistung ihres Teams steigern, sondern auch ein Umfeld schaffen können, in dem Kreativität und Innovation gedeihen. Caroline weiß, dass es auf die Haltung in der Führung ankommt – eine Haltung, die Menschen in den Mittelpunkt stellt und damit Teams zu wahrer Größe führt.

„Team Excellence – Menschsein im Business" ist mehr als ein Leitfaden; es ist eine Einladung, die Art und Weise, wie wir über Arbeit und Zusammenarbeit denken, grundlegend zu überdenken. Von praktischen Methoden zur Förderung effektiver Kommunikation, über die Einladung zur Selbstreflexion bis hin zu Strategien für persönliches Wachstum und Teamentwicklung. Dieses Buch bietet auch konkrete Werkzeuge, um die Herausforderungen moderner Arbeitsumgebungen zu meistern und dabei das Menschsein im Auge zu behalten.

In Gesprächen mit Caroline konnte ich hautnah erleben, wie sehr dieses Buch ihr Herzensanliegen ist. Mit einer tiefen Leidenschaft und fest verwurzelten Überzeugungen teilt sie ihre Vision, wie das Streben nach einer Team Excellence die verborgenen Superkräfte innerhalb jedes Teams entfesseln kann. Dieses Buch lädt Führungskräfte, Teammitglieder und Projektleitende ein, sich inspirieren zu lassen, um ein sinnvolles, freudiges und kraftvolles Miteinander im Geschäftsleben zu pflegen.

Caroline ermutigt alle dazu, über sich hinauszuwachsen und die beste Version von sich selbst zu entdecken und zu entfalten. Dadurch werden nicht nur der Erfolg und die Leistung des Teams gesteigert, sondern auch das persönliche Wohlbefinden jedes Einzelnen nachhaltig verbessert.

„Team Excellence – Menschsein im Business" bietet nicht nur Einblicke in die Herausforderungen und Lösungen für effektive Teamarbeit, sondern auch eine Vision für eine Arbeitswelt, in der Menschlichkeit und geschäftlicher Erfolg Hand in Hand gehen.

Viel Freude beim Erkunden!

Doris Palz

Inhaltsverzeichnis

1	**Einleitung**	1
	Literatur	5
2	**Ein neues Paradigma**	7
	Literatur	18
3	**Die natürliche Kraft in Teams**	19
	3.1 Menschsein leben	19
	3.2 Die Magie der Natürlichkeit	25
	3.3 Team Excellence: Das Feld der WIR-Intelligenz freisetzen und WIR-Kraft leben	28
	Literatur	36
4	**Gestaltungsfreude aktivieren**	37
	4.1 Der Freude Raum geben	38
	4.2 Gestaltungsfreude im Team leben	42
	Literatur	48
5	**Selbstverantwortung = Superpowers**	49
	5.1 Die Macht der Superpowers	55
	5.2 Selbstverantwortung im Team	58

	5.3	Ein Ausflug in die Erforschung deines Seins-Feldes	62
	Literatur		66
6	**Freiraum und Offenheit**		**67**
	6.1	Die Erlaubnis für Freiraum	70
	6.2	Die Übung des freien Seins	75
	6.3	Mut und Offenheit – Mut zur Offenheit	78
7	**Wertschätzung und Respekt**		**81**
	7.1	Wertschätzung für dich selbst	83
	7.2	Wertschätzung für dein Umfeld	84
	7.3	Die Auswirkung von Respekt und Wertschätzung	86
	Literatur		94
8	**Feiern und Reflektieren**		**95**
	8.1	Die Kraft der Reflexion	100
	8.2	Die Kraft des Feierns	105
	Literatur		110
9	**Golden Rules für dich und dein Team**		**111**
	9.1	Ein gemeinsames Spielfeld etablieren	113
	9.2	Meine 5 Golden Rules	118
	9.3	Gemeinsame Werte vereinbaren und Golden Rules etablieren	122
10	**Führung ist Selbst-Führung**		**129**
	10.1	Dein Selbstverständnis	133
	10.2	Kommunikation ist alles?	136
	Literatur		142
11	**Vom alten Paradigma ins Neue!**		**143**
	11.1	Reinigung von alten Mustern und Glaubenssätzen	146
	11.2	Natürlichkeit im Business leben	148
	Literatur		153

Über die Autorin

Caroline Rotter hat langjährige Erfahrung als Führungskraft und Projektleiterin im internationalen Umfeld. Ihr bereitet es große Freude, Menschen aus unterschiedlichen Denk-, Sprach- und Kulturräumen für ein erfolgreiches Miteinander zusammenzubringen. Sie absolvierte ihr Studium der Sozial- und Wirtschaftswissenschaften an der Wirtschaftsuniversität Wien und arbeitete danach in unterschiedlichen Führungspositionen im In- und Ausland. Vor einigen Jahren erfüllte sie sich einen großen Traum und gründete ihr eigenes Unternehmen. Ihre Vision ist es, Wertschätzung, WIR-Kraft und Menschlichkeit in Teams zu entfesseln. So können Teams ihre Exzellenz erfolgreich leben. Als Beraterin, Trainerin und Coach hilft sie Führungskräften und ihren Teams dabei, den Team Spirit und ihre Superpowers freizusetzen. Caroline Rotter ermöglicht dadurch eine Zusammenarbeit voller Freude, Leichtigkeit und Begeisterung und unterstützt somit Teams beim Erzielen zukunftsfähiger Ergebnisse. Sie hält Impulsvorträge über Team Excellence und Leadership und hat ihren eigenen Business Podcast *Menschsein im Business*.

1
Einleitung

Zusammenfassung Dieses Kapitel umfasst die Einführung in das Thema Team Excellence. Es beschreibt die Absicht des Buches und die Geschichte, wie es zu diesem Buch kam. Außerdem beleuchte ich unterschiedliche Aspekte, die notwendig sind, um die Berufswelt neu zu gestalten und auszurichten basierend auf unserer Menschlichkeit.

Ich bin davon überzeugt: Die Qualität der Zusammenarbeit entscheidet über die Zukunft von Unternehmen. Die aktuelle Zeit zeigt uns klar: Es braucht mehr Menschlichkeit in der Arbeitswelt. Eine Zusammenarbeit geprägt von Vertrauen, Natürlichkeit, Selbstverantwortung und Gestaltungsfreude wird immer wichtiger. Und das ist für mich der Beginn eines neuen Paradigmas!

Sobald ich in Kontakt mit der Berufswelt gekommen war, beschäftigte mich fortlaufend die Frage: Was ermöglicht es mir in der Berufswelt Mensch zu sein? Und wie kann jede:r einzelne in einem Team, in einer Gruppe, in einem Unternehmen die eigene Menschlichkeit so leben, dass ein sicherer Rahmen entsteht und alle ihr volles Potenzial einbringen können? In diesem Buch gebe ich Antworten darauf; Antworten, die ich in meiner bisherigen Berufspraxis gewonnen habe, und so viele wunderbare Erlebnisse mit exzellenten Teams teilen durfte. Einerseits fokussiere ich auf den Aspekt, wie jeder Mensch sein Arbeitsumfeld aktiv gestalten kann und Einfluss darauf nehmen kann, um eine freudvolle, kraftvolle Atmosphäre voller Leichtigkeit zu schaffen. Andererseits beschreibe ich anhand zahlreicher Beispiele, wie es einem Team gelingt unsere menschlichen Qualitäten wie Gestaltungsfreude, Natürlichkeit, Selbstverantwortung und Freiraum so einzubringen und zu leben, dass dadurch der Team Spirit entfesselt wird. Denn, wenn du die Kraft des Team Spirits in deinem Team schon einmal erlebt hast, hast du erfahren, was das für eine Schub- und Umsetzungskraft erzeugt, hin zu einem nährenden, freudvollen Arbeitsklima und exzellenten, zukunftsfähigen Ergebnissen!

Es war mir ein großes Herzensanliegen dieses Buch zu schreiben aus der Praxis für die Praxis. Ich bin eine Praktikerin durch und durch. Dieses Buch ist entstanden aufgrund meiner Begeisterung für die Arbeit in Teams und meiner Experimentierfreude für unterschiedlichste Vorgehensweisen und Methoden. Ich erzähle von meinen Erfahrungen und mache anhand von Erlebtem sichtbar, wie Wandel geschehen konnte, durch welche Art von Haltung, durch welche Art von Herangehensweise, durch welche Art von Miteinander eine vollkommen andere Energie in Teams erlebt wurde.

Am besten ist es dein ständiger Begleiter und kleiner Ratgeber, der dir zur Seite steht, sobald du in Teams und mit Teams arbeitest. So könnt ihr als Team gemeinsam eine immense Schubkraft nach vorne freisetzen – für zukunftsfähige Lösungen, ein selbstbestimmtes Miteinander und nachhaltige Erfolge.

Was ich unter „Team Excellence" verstehe und wie du sie in deinem Team leben kannst und dadurch die WIR-Intelligenz aktivierst, erfährst du in diesem äußerst praxisnahen Buch. Ich schreibe bewusst „wir" in Großbuchstaben in diesem Buch, um die Bedeutung dieses WIRs hervorzuheben. Die Zusammenarbeit in und mit Teams sowie das Leben von Team Excellence werden für mich geleitet von meiner Vision und meinem inneren Antrieb, ein erfolgreiches Miteinander in der Berufswelt zu schaffen hin zu erfolgreichen Ergebnissen. Erfolgreich bedeutet für mich: ein freudvolles, offenes, produktives Zusammenarbeiten, in dem jede:r den Raum hat, sich einzubringen – in dem jede:r den Raum bekommt, Mensch zu sein. Wo jede:r gesehen und geachtet wird mit dem, was er oder sie einbringt. Für all das, was jede:n einzelne:n ausmacht. Für das authentische Sein. Meines Erachtens nach ist nur so die Entwicklung in ein echtes High-Performing Team möglich, das basierend auf Freude, Begeisterung, Leichtigkeit und Vertrauen herausragende Ergebnisse erzielt!

Wenn du den Team Spirit und die WIR-Intelligenz in deinem Team entfesseln kannst, ist wahre Meisterschaft im Team möglich. Bereits in den 90er Jahren hat Michael Jordan dies auf den Punkt gebracht: „Talent wins games, but teamwork and intelligence win championships." (1994, S. 20) – und das gilt meiner Meinung und Erfahrung nach nicht nur für den Sport, sondern auch im Businesskontext. Dadurch, dass ihr eure Meisterschaft lebt, werdet ihr gemeinsam Spitzenleistungen auf einer Ebene erzielen, die auf Freude, Leichtigkeit und einer Natürlichkeit basiert, wo jeder in seiner Kraft sein kann, Mensch sein kann und von da aus agieren kann.

Ich will dir einen Einblick geben zum Beginn dieser Reise, wie es zu der Idee kam, dieses Buch zu schreiben. Vor einigen Jahren habe ich in einem großen Unternehmen gearbeitet, das verschiedenste digitale und analoge Produkte für seine Kunden entwickelte. Mein Auftrag war es, ein Team von Experten aufzubauen, das bei der Entwicklung und Markteinführung dieser Produkte unterstützte und interdisziplinäre Teams temporär leitete, um Projekte umzusetzen. Auch war es meine Aufgabe, die Expertise für die Projektumsetzung in dem Unternehmensbereich, dem ich zugeordnet war, zu etablieren und zu verbreiten. Diese Rolle umfasste umfangreiche Verantwortlichkeiten und ich war top motiviert, mich dieser neuen Herausforderung zu stellen. Zuvor hatte ich bereits in anderen Unternehmen aufgrund der Leitung von unterschiedlichen Projekten und Teams einen großen Erfahrungsschatz gewonnen. Das neue Arbeitsumfeld und die damalige Unternehmenskultur brachten einige Herausforderungen mit sich. So begann ich an den verschiedenen, mir zugetragenen, Verantwortungsbereichen zu arbeiten, diese aufzubauen und weiterzuentwickeln. Diese Funktion erforderte ein fortlaufendes Zusammenarbeiten in diversen Teams – sei es für Kundenprojekte oder interne Organisationsentwicklungsprojekte – und eine regelmäßige Abstimmung und Vereinbarung von Erwartungen jener Teams und Abteilungen, mit denen ich zusammenarbeitete, um meinen Verantwortungsbereich aufzubauen. Fazit: Ich brauchte viel Feingefühl, Umsetzungskraft und Motivation, um diese Aufgabe zu meistern!

Beim Aufbau meines Expertenteams war es erforderlich ein großes Augenmerk auf den Recruiting-Prozess zu legen, da das Anforderungsprofil dieser Stelle umfangreich und herausfordernd war. Für diese Stelle war es notwendig, viel Erfahrung und Know-how mitzubringen und die Fähigkeit mit hoher sozialer Kompetenz, das komplexe Arbeitsumfeld und die Beziehungen zu verschiedenen Interessensgruppen zu gestalten. Nun gut, ich war top motiviert und leistete vollen Einsatz, um dieses Team aufzubauen. Die Anstellung eines meiner Teammitglieder ging jedoch gänzlich schief. Ich musste erkennen, dass ich mich während des Recruiting-Prozesses komplett getäuscht hatte – in den ersten beiden Wochen, in welchen sich das neue Teammitglied einarbeitete, wurde deutlich klar, dass fachliche und soziale Kompetenz nicht dem entsprachen, was unser herausforderndes Arbeitsumfeld und unsere komplexen Projekte erforderte. So musste ich handeln und die Anstellung nach sehr kurzer Zeit wieder auflösen. Ich war erschüttert und irritiert. Was war passiert? Warum hatte ich mich so sehr bei dem Profil getäuscht? Nachdem ich dies für mich reflektiert hatte, wurde mir augenblicklich klar: Ich hatte mir bis zu diesem Punkt in meiner beruflichen Laufbahn nie bewusst darüber Gedanken gemacht, welche Werte und Verhaltensweisen ein absolutes „Must-have" in der Zusammenarbeit für mich waren. Jetzt war der Zeitpunkt gekommen und ich brauchte dazu Klarheit, um so eine fundierte Basis zu schaffen für ein Miteinander in meinem Arbeitsumfeld basierend auf Respekt, Wertschätzung, Aufrichtigkeit und orientiert am „WIR".

Und diese „Must-haves" bzw. meine „Golden Rules"[1], die aus diesem Prozess heraus entstanden waren, teilte ich mit meinen Arbeitskolleg:innen, Chefs und Teams, in welchen ich arbeitete. Sie wurden für mich zu meinem Kompass und meiner Richtschnur, an der ich mich orientierte und nach der ich mich ausrichtete. Dadurch wurde

---

[1] Siehe Kap. 9.

mir viel klarer, was für mich eine unabdingbare Basis war für eine erfolgreiche Zusammenarbeit. Und als ich über meine „Golden Rules" mit einem meiner Arbeitskollegen sprach und ihm von dem gesamten Prozess erzählte, war er so begeistert und meinte: „Caroline, darüber musst du ein Buch schreiben!" Über diese Aussage war ich damals sehr irritiert und meinte: „Ein Buch? Warum sollte ich ein Buch darüber schreiben?" Bis zu diesem Zeitpunkt hatte ich nie den Gedanken gehabt, jemals ein Buch zu schreiben, über welches Thema auch immer... Aber: mein damaliger Kollege hatte mir damit „einen Floh ins Ohr gesetzt" und der Gedanke ließ mich nicht mehr los!

Nun hältst du die initiale Idee zu diesem Buch und noch viel mehr in den Händen und ich wünsche dir viele Erkenntnisse und inspirierende Stunden damit, sowie viel Erfolg beim Schaffen eines kraftvollen, erfolgreichen Miteinanders in der Berufswelt.

Literatur

Jordan M (1994) I can't accept not trying: Michael Jordan on the pursuit of excellence. HarperCollins Publishers, New York. S. 20

2
Ein neues Paradigma

Zusammenfassung Ich beschreibe ein neues Paradigma, das die Arbeitswelt dringend benötigt, um eine kraftvolle Qualität des Miteinanders zu schaffen und dadurch zukunftsfähige Lösungen für Unternehmen und die Gesellschaft möglich werden. Anhand meiner Erfahrungen und Erkenntnisse, die ich in der Berufswelt dazu gewonnen habe, erzähle ich von Beispielen eines alten und neuen Paradigmas und wie ein Wandel realisiert werden kann. Basierend auf der Struktur der Heldenreise nach Joseph Campell erhältst du einen Einblick in deine eigene, bisherige Held:innen-Reise.

Es darf leicht, mit Schwung und Freude gehen!
Es gab Zeiten in meinem Leben, in denen ich dachte, ich müsste doch erst Geld verdienen, bevor ich mir die Zeit nehmen könnte, ein Buch zu schreiben. Denn meine Reserven drohten vielleicht in sechs Monaten auszugehen. Also machte ich mich auf die Suche nach Aufträgen, die mein Konto befüllen würden, zum Beispiel im Sinne eines Interim Management Auftrags, der kontinuierlich über einen längeren Zeitraum hinweg Geld einbringen würde. Heute bin ich mir dankbar dafür, dass ich diesem Impuls nicht gefolgt bin, sondern mir erlaubt habe, für das

da zu sein, was mir in diesem Moment am meisten Freude bereitete – nämlich dieses Buch zu schreiben. Und dadurch erkannte ich etwas Wesentliches für mein Leben: Es darf leicht, mit Schwung und Freude gehen! Egal, woran ich arbeite oder womit ich mich gerade beschäftige.

Wenn ich eine innere sprudelnde Leichtigkeit und Qualität von „Verbundensein" und „Ganz-Ich-Sein" erleben wollte, dann lag dies hauptsächlich darin, mir genau in dieser Zeit, von der ich einst vermutete, sie könnte mich vielleicht Kopf und Kragen kosten, treu geblieben zu sein. Und ich habe mich selbst immer wieder an diese Erkenntnis und für mich stimmigen Plan für dieses Leben erinnert: Wenn ich in der Freude den Dingen nachgehe, die mir im Moment am meisten bedeuten, mich beflügeln, mich innerlich leicht und kraftvoll fühlen lassen – wenn ich dafür da bin – dann fühle ich mich selbst nicht nur satt genährt und wohl, sondern auch mein Konto weist das entsprechende Guthaben auf. Das heißt: Ich kann von der Freude leben – in jeder Hinsicht! Und sogar am besten!

> **Wichtig: Das neue Paradigma**
> Und damit bin ich auch schon beim Thema dieses Buches bzw. dem neuen Paradigma, das es in der Berufswelt braucht, angelangt: Es geht immer wieder darum, eine Qualität von Freude, Wertschätzung, Begeisterung und Wahrnehmung unserer inneren Impulse in den Teams zu wecken und zu leben! Und dies ist für die meisten von uns etwas Neuartiges. Es ist, als ob wir mit dieser Art von Haltung und Herangehensweise Neuland betreten. Es fühlt sich neu und ungewohnt an. Gleichzeitig spüren wir, sobald wir die ersten Schritte in diesem neuen Land gehen, ein Aufatmen in uns und unserem Team. Freude und Leichtigkeit werden in unserer Zusammenarbeit freigesetzt. Wir erkennen: „Es geht auch anders! Es darf leicht, mit Schwung und Freude gehen!" Und wir geben uns selbst damit die Erlaubnis in der Berufswelt andere, neue, bereichernde Qualitäten zu leben und zu erleben.

In beruflicher Hinsicht konnte ich diese Erkenntnis, der mein Leitsatz geworden war, so erleben: es macht mich satt in jeder Hinsicht – satt mit Zufriedenheit, satt mit Freude, satt mit Erfüllung, satt mit einem Sinn in der Berufswelt! Ich fühlte, dass das, was ich tat, mir Bedeutung gab und mir wertvoll war. Und letztendlich auch satt meinen Kontostand immer wieder befüllte. Ich bin davon überzeugt: Es bleibt keiner unversorgt, der sich seiner Lebensfreude widmet! Mit der Freude kommt die Leichtigkeit. Und die Leichtigkeit verbindet dich in die Welt hinein.

Und so begann ich diesen Leitsatz in der Zusammenarbeit mit Kolleg:innen, Kund:innen und Geschäftspartner:innen mehr und mehr anzuwenden, meinen inneren Impulsen und meiner Freude zu folgen. Und vor allem in den Teams, die ich geleitet bzw. begleitet habe, hat dieser Leitsatz, das Leben dieses neuen Paradigmas, wahre Wunder bewirkt! Wir erzielten dadurch erstaunliche Ergebnisse und schafften ein neues, kraftvolles Miteinander im Team, geprägt von Freude, Schwung und Leichtigkeit. Diese Form des Miteinanders und der dadurch freigesetzte Team Spirit hat unsere Umsetzungskraft immens beflügelt. In den folgenden Kapiteln erzähle ich von Erlebnissen dazu, teile mit dir meine Erkenntnisse und gebe dir eine Vorgehensweise bzw. Handlungsanleitung mit auf deinen Weg, ergänzt durch verschiedene Reflexions- und Wahrnehmungsübungen, um dieses neue Paradigma noch konkreter erlebbar zu machen.

Das alte Paradigma hat uns allen viel Kraft, Energie und Anstrengung gekostet. Viele hängen noch in diesem alten Paradigma fest von: „Ich muss doch so weitermachen wie bisher! Nur so bin ich sicher und habe mein Leben im Griff." Obwohl viele im Innersten auch spüren: „Es muss sich etwas ändern!" Auch ist bei den jüngeren Generationen (nach der Babyboomer Generation) klar erkennbar, dass eine Berufswelt gekennzeichnet von endlosen Überstunden, Ausbeutung der eigenen Energiereserven, hohem Leistungsdruck, Micro Management[1], wenig Handlungsspielraum und hierarchischem Denken auf Abneigung und Abwehr stößt. Hier ist großer Handlungsbedarf seitens der Unternehmen vonnöten. Und hier liegt außerordentliches Potenzial zur Freisetzung der natürlichen Kräfte, die in jedem von uns schlummern, geborgen. Ja, viele Unternehmen handeln bereits. Gleichzeitig besteht auch

---

[1] Nach meinem Verständnis: strikte Überwachung durch den Vorgesetzten.

noch viel Luft nach oben, um die Berufswelt nach einem neuen Paradigma zu gestalten.

Auch nehme ich den Wunsch nach mehr Leichtigkeit und Freiraum in der Berufswelt, in den sozialen Medien, in diversen Coaching-Angeboten am Markt oder im Austausch mit meinen Kund:innen immer deutlicher wahr.

Wir gehen in allen Lebensbereichen, und vor allem in der Arbeitswelt, in neue Muster. Wir gehen in eine neue Entwicklung, in eine größere Einfachheit und in eine neue Klarheit von: „Da ist die Kraft!" Das neue Paradigma verkörpert für mich den innersten Wunsch nach Umschwung, nach Neuorientierung, nach dem Erleben von: „Es geht auch anders!"

Ich möchte mit diesem Buch uns alle daran erinnern: Es darf leicht, mit Schwung und Freude gehen! Insbesondere in der Berufswelt. Meine Hoffnung ist es, dass ich mit diesem Buch und meinen Erfahrungen, die ich hier mit dir teile, die Sehnsucht, die auch in deinem Herzen liegt, wieder zum Leuchten bringe. Möge es dich ermutigen, deinen eigenen Weg zu gehen – in allen Lebensbereichen – und dadurch deine Sehnsucht nach Freiraum, Leichtigkeit und Freude stillen.

Team, Gruppe und Team Spirit

Was macht ein Team aus? Nach meinem Verständnis sind die Merkmale eines Teams das Arbeiten an gemeinsamen Ergebnissen und daher das Leben gemeinsamer Verantwortung, wechselseitiges aufeinander angewiesen Sein, gegenseitiges Vertrauen, ein Gefühl der Zusammengehörigkeit sowie ein hoher Zusammenhalt. Eine ideale Teamgröße reicht meist von fünf bis neun Personen. In der Praxis ist die Anzahl der Personen oft abweichend davon. Ein Beispiel zu einem Team: Ein Projektteam erfüllt all diese Kriterien durch einen Projektauftrag, in dem gemeinsam zu erreichende Ziele, Termine, Kosten, Erträge und weitere Rahmenbedingungen festgelegt sind. Projektarbeit ist immer Teamarbeit.

Eine Gruppe ist loser gegliedert und arbeitet nicht notwendigerweise an gemeinsamen Zielen. Ein Beispiel zu einer Gruppe: Die Teilnehmenden eines Trainings bilden eine Gruppe, aber kein Team, da jede:r individuelle Ziele durch die Teilnahme verfolgt. Jedes Team ist eine Gruppe, aber nicht jede Gruppe ist ein Team. Eine aufschlussreiche Unterscheidung von Gruppen und Teams findet sich zum Beispiel in Kasper und Mayrhofer (2002, S. 299–301).

Team Spirit ist meinem Erleben nach eine anhaltend positive Energie, die ein Team stärkt. Sie ist in ständiger Veränderung und mal mehr, mal weniger ausgeprägt und spürbar. Wie du den Team Spirit entfesseln kannst, erfährst du in diesem Buch. Team Spirit bezeichne ich auch als WIR-Kraft.

Meine Heldinnen-Reise
Gerne möchte ich meine bisherige Heldinnen-Reise in der Berufswelt mit dir teilen und dir davon erzählen, wie ich meinen Weg bis hierher gegangen bin. Vielleicht findest du dich in manchen Aspekten wieder und Situationen, die ich erlebt habe, hast du womöglich ähnlich erlebt. Vielleicht inspiriert sie dich dazu, deine eigene Held:innen-Reise (nach Campbell 2022) bis hierher zu reflektieren, um zu erkennen, welche Herausforderungen du bereits gemeistert hast, was du alles gelernt hast auf deinem Weg und welche Superkräfte du als Held oder Heldin in dir dadurch geweckt hast. Hier ist meine Geschichte.

Schnell hatte ich als junge Frau, nach dem Abschluss meines Studiums und mit dem Vollzeit-Einstieg in die Berufswelt erkannt, wie „der Hase läuft" und bin eingestiegen in das Hamsterrad von immensem Zeitdruck, unrealistischen Erwartungshaltungen, Konkurrenzdenken und dem Funktionieren-Modus in Projekten und Teams. Und damit kam auch schnell die Ernüchterung und ein Hauch von Enttäuschung: So also läuft es in Unternehmen? Das ist die Realität in der Berufswelt? Bis zum Ruhestand arbeite ich also in solchen Arbeitsumfeldern? Und über die Zeit hinweg hatte ich in meinen verschiedenen Rollen als Projektleiterin, Teamleiterin, Teammitglied, Coach etc. erlebt, dass die Menschlichkeit im Berufsleben, das natürliche Sein eines jeden Menschen, komplett vernachlässigt wurde, oder zumindest zum großen Teil. Und das unabhängig davon, wo ich arbeitete – in verschiedenen Branchen, in Unternehmen unterschiedlicher Größe, im In- und Ausland. Und ich wage zu behaupten und möchte hier auch bewusst provokativ formulieren: Menschlichkeit war auch gar nicht wichtig oder gefragt! Es ging darum zu funktionieren, Ergebnisse so schnell wie möglich zu liefern und sich anzupassen, ohne sich querzustellen. Im Fokus waren:

Zahlen, Ergebnisse, und nochmals Zahlen (das meist in Form von Einsparungen). Und dies verbunden mit einem enorm hohen Zeitdruck und einer beinahe unrealistischen Erwartungshaltung: Die geforderten Resultate hätten doch schon bis „gestern" geliefert werden müssen. Und das Team war „nicht im Stande" erwartungsgemäß die gewünschte Qualität zu erzielen.

Und es geht mir hier nicht darum, jedwede Schuldzuweisungen vorzunehmen. Ich möchte deutlich machen, wie sehr wir alle in diesem alten Paradigma gefangen waren. Auch ich selbst, in meiner Rolle als Führungskraft, fiel immer wieder in diese alten Muster hinein: unrealistische Erwartungshaltungen zu äußern, hohen Zeitdruck zu vermitteln oder mein Unverständnis zu äußern, wenn Bedürfnisse aus dem Team nach mehr Handlungsspielraum, Klärung bestimmter Themen oder mehr Zeit für die Umsetzung nicht wahrgenommen wurden.

In so einem Umfeld war oftmals ein latent enttäuschter Unterton des Managements oder der Vorgesetzten spürbar in der Hinsicht von: „Das haben wir doch schon besprochen. Das hättet ihr aber auch selbst wissen können" „Warum braucht ihr so lange? Warum geht das nicht schneller?" Auch verbunden mit der teils ausgesprochenen, teils unausgesprochenen Botschaft: „Wir sind nicht interessiert an euren Bedürfnissen. Macht doch einfach eure Arbeit! Warum kann eure Zusammenarbeit nicht einfach funktionieren?"

Wo Zusammenarbeit stattfindet, „menschelt" es – das heißt, es gibt unterschiedliche Bedürfnisse und Erwartungshaltungen, die hier zusammenkommen und beachtet werden wollen. Es braucht den Raum, den eigenen Handlungsspielraum leben zu können, Respekt, Wertschätzung und Vertrauen im Zusammenwirken. Aber das wollten die meisten Chefs nicht wahrhaben und ignorierten bzw. blendeten dies aus. Wir steckten alle in diesem alten Paradigma fest: Die Vorgesetzten machten unverhältnismäßig viel Druck auf allen Ebenen. Die Mitarbeitenden verfielen in eine Opferhaltung von: „Die bösen Chefs!", „Uns fragt keiner!", „Wir dürfen nicht mitgestalten und bekommen keine Verantwortung anvertraut."

Kennst du das? Hast du das schon einmal erlebt? Vielleicht kommen dir solche oder ähnliche Situationen und Gespräche bekannt vor? Ich habe in der Berufswelt verschiedenste Situationen dieser Ausprägungen

2 Ein neues Paradigma

in den unterschiedlichsten Unternehmen erlebt. Hatten mich Jobs in solchen Arbeitsumgebungen erfüllt? Hatte es meinen Ideenreichtum für neue Lösungen und Vorgehensweisen in solchen Situationen entfacht? Hatte es unsere Teamarbeit beflügelt? Was meinst du? – Nein, absolut nicht.

Natürlich setzte ich alles daran mit meinem Team zu liefern, schneller zu sein und zu funktionieren. Dem Bedürfnis der gemeinsamen Gestaltung unserer Zusammenarbeit, im Team und teamübergreifend, Raum zu geben, wurde regelmäßig entgegengehalten: „Dafür ist keine Zeit! Macht eure Arbeit", „Für Teambuilding haben wir kein Budget", „Die Bedeutung von Team Spirit wird überschätzt", oder „Spielchen im Team (damit waren zum Beispiel Team Building Workshops gemeint) bringen keinen Mehrwert". Bei internationalen Teams, die frisch zusammengestellt wurden für eine Projektumsetzung kamen auch Aussagen wie: „Die sprechen eh alle Englisch. Die sollen doch einfach zusammenarbeiten!" Stets mit der direkten oder indirekten Botschaft: „Wir wollen Ergebnisse sehen – so schnell wie möglich."

Über diese Ansichten und Meinungen war ich im ersten Moment sprachlos und irritiert. Auch machte es mich traurig und ich war frustriert. Diese Art der Zusammenarbeit, diese Form des Arbeitsklimas war für mich in keinster Weise produktiv, zielführend und schon gar nicht wertschätzend oder respektvoll. Wie wenig war ein Mensch aufgrund dieser Sichtweisen tatsächlich Wert? Was war das für eine Wahrnehmung von Zusammenarbeit? So könnten wir doch nicht erfolgreich, konstruktiv und produktiv zusammenarbeiten und eine qualitativ hochwertige Arbeit erbringen?!

Je größer der Arbeitsdruck wurde, je mehr ich merkte wie sehr meine Energiereserven, mein Gestaltungswille, meine Kreativität und meine Freude an meinen Aufgaben darunter litten, desto mehr Widerstand entwickelte ich gegen die gelebten Vorgehens- und Arbeitsweisen und desto mehr wuchs in mir der Wille, hier etwas maßgeblich zu verändern.

Nachdem ich fast untergegangen wäre in diesen unmenschlichen „Klimazonen" der Berufswelt, und an zwei Burnouts vorbeigeschrammt war, zog ich die Notbremse. Stopp! Wenn ich hier als Teamleiterin, Projektleiterin oder Teammitglied weiterarbeiten wollte, dann musste ich selbst etwas verändern. Ich war am, für mich entscheidenden, Wendepunkt angelangt: Wollte ich so weiterarbeiten? Egal in welchem Unternehmen ich bis dahin gearbeitet hatte, wollte ich in solchen Arbeitsumfeldern meiner Tätigkeit weiter nachgehen? In solchen, im wahrsten Sinne des Wortes, ungesunden „Klimazonen", so viel meiner Energie und Lebenszeit investieren? Nein! Damit war jetzt Schluss! Ich hörte auf, diese Form von Arbeitsklima hinzunehmen und mich unterzuordnen und nahm das Ruder selbst in die Hand. Mit absoluter Klarheit traf ich die Entscheidung: „Ich bringe jetzt all meine Gestaltungskraft und meinen Willen, etwas zum Positiven zu verändern und ein gesünderes Arbeitsklima in meinem Umfeld zu schaffen, ein und das zu 100%!"

Das war für mich der Moment, wo ich mich entschieden hatte auf meine innere Stimme zu hören und die Entscheidung traf, und vor allem den Mut aufbrachte, meinem Weg, meiner inneren Wahrheit bzw. meinen inneren Impulsen zu folgen.

> **Wichtig: Der entscheidende Wendepunkt**
> Das ist der entscheidende Wendepunkt in jeder Heldengeschichte. Ausgelöst durch eine Krise oder höchste Prüfung gelangt der Held oder die Heldin zu einer tiefgreifenden Erkenntnis und inneren Klarheit für den weiteren Verlauf des eigenen Weges.
> Eine Held:innen-Reise (Campbell 2022) verläuft nach verschiedenen Phasen. Meist aus eigenem Antrieb oder ausgelöst durch äußere Geschehnisse verlässt der Held oder die Heldin die gewohnte Welt, um verschiedene Prüfungen zu bestehen. Helfer:innen und Mentor:innen stehen zur Seite und bieten ihre Hilfe an. Der Höhepunkt, die höchste Prüfung, bildet die Erweiterung des eigenen Bewusstseins bzw. des eigenen Seins durch Erleuchtung, Verwandlung oder Ausdehnung des persönlichen Freiraums. Das Elixier, das der Held oder die Heldin in die gewohnte Welt mitnimmt, wird nach der Heimkehr zum höchsten Wohl aller eingesetzt und dient der Wiederherstellung der Welt.

Und damit begann sich alles zu verändern. Für mich. Für die Teams, mit denen ich zusammenarbeitete. Für mein gesamtes Arbeitsumfeld inklusive meiner Vorgesetzten.

Dieser Wandel vollzog sich in Zyklen. Es war eine zyklische Veränderung, mit jeder neuen Rolle in einem neuen Arbeitsumfeld, wurde für mich immer klarer, dass es für mich eine unabdingbare Notwendigkeit geworden war, das alte Paradigma abzustreifen. Und natürlich vollzog sich dieser Wandel, der in meinem Inneren stattgefunden hatte, nicht von heute auf morgen auch im Außen. Es gab Hindernisse und Konflikte. Es kam eine Herausforderung nach der nächsten. Aber das konnte mich nicht mehr erschüttern oder davon abhalten, meinen inneren Impulsen zu folgen. Ich hatte meine innere Klarheit gefunden. Ich war beflügelt von meiner Vision und wurde geleitet von meinem inneren Antrieb, ein erfolgreiches Miteinander zu gestalten bzw. mitzugestalten hin zu erfolgreichen Ergebnissen – und erfolgreich bedeutet für mich: ein freudvolles, konstruktives, offenes Zusammenarbeiten basierend auf Wertschätzung, Vertrauen und Respekt. Ein Arbeitsumfeld, in dem zukunftsfähige Ergebnisse erzielt werden, indem jede Person den Raum hat, sich einzubringen – ein Arbeitsumfeld, in dem sie gesehen und geachtet wird dafür, was sie hier einbringt und für all das, was sie ausmacht: für ihre Menschlichkeit, für ihr natürliches Sein!

Denn ich hatte in mir gespürt: „Ich will mich freier entfalten können, sonst gehe ich unter! Und jetzt nehme ich mir den Raum! Jetzt nehme ich meinen Raum voll und ganz ein, hier gemeinsam mit meinem Team ein menschlicheres Arbeitsklima zu gestalten!" Und ich traf diese Entscheidung mit dem Wissen aller möglichen Konsequenzen, denn meine „Kursänderung" war für manche Vorgesetzten nicht angenehm bzw. sorgte für kleinere oder größere Irritationen. Aber für mich war klar: in dem Handlungsspielraum und dem Verantwortungsbereich, der mit zugeteilt war, wollte und konnte ich die Dinge verändern. In dem Ausmaß und in dem Verantwortungsbereich, wo es mir möglich war, wollte ich die Gestaltungsfreude aller aktivieren, gemeinsam ein angenehmeres und freudvolleres Arbeitsklima schaffen und in uns allen die innere Haltung nähren von: „Jede:r kann hier etwas Positives beitragen. Jede:r im Team wird gesehen mit dem, was sie oder er hier einbringt. Die Impulse, die aus dem Team heraus kommen, werden geachtet und wertgeschätzt. Jede einzelne Person ist wichtig!"

Und sobald meine Vorgesetzten sahen, was meine Kursänderung an positiven Veränderungen in der Zusammenarbeit, an frischem Wind und Leichtigkeit, an neuen Lösungsvorschlägen und Herangehensweisen, an Spaß und Freude, an der Qualität von „Alle ziehen an einem

Strang" bewirkte, entspannten sich die meisten und schenkten mir Vertrauen für meine Vorgehensweise.

Und dieses Aufrütteln, dieses Sichtbarmachen von „So gestalten wir unsere Zusammenarbeit als Team neu", war der Initiator um alte, starre Unternehmensstrukturen zum Bröckeln zu bringen und benachbarten Teams und Abteilungen ein Beispiel dafür zu sein.

Und was hatte es in den Teams bewirkt, die ich damals leitete? Es war ein Aufatmen spürbar und die Erkenntnis: „Es geht auch anders! Es darf Spaß machen in der Arbeit. Es darf Leichtigkeit ihren Platz haben in unserer Zusammenarbeit. Und wenn es hart auf hart kommt, halten wir zusammen und sind umso erfolgreicher in der Erreichung unserer Ergebnisse!"

Und durch meine Geschichte, meine Heldinnen-Reise, und all die zahlreichen Erfahrungen, die ich gemacht, erlebt und gesammelt habe, habe ich meine eigene Arbeitsweise, meine eigene Vorgehensweise mit und in Teams entwickelt – gespickt mit Inspirationen zu neuesten Erkenntnissen rund um Führung, Kommunikation und Zusammenarbeit in Teams. Eine Vorgehensweise, um die Menschlichkeit, Natürlichkeit, Freude und Leichtigkeit zurück in die Teams zu bringen. Das Ermöglichen eines freudvollen und bereichernden Miteinanders! Und dann ist es möglich, in einem Unternehmen zukunftsfähige Ergebnisse zu erzielen und Mitarbeitenden ein attraktives, weil menschliches, Arbeitsumfeld zu bieten.

Vielleicht kennst du das: als ich damals tief inmitten dieser Herausforderungen steckte, sah ich oft keinen Ausweg und fragte mich immer wieder: „Warum passiert mir das? Warum ist die Situation gerade so anstrengend und schwierig?" Rückblickend erkannte ich für mich: je unangenehmer, respektloser, herausfordernder die Arbeitsumfelder waren und je schmerzvoller ich manche Erfahrungen in der Berufswelt erlebte, desto mehr wurde all dies zu meinem Antrieb für Veränderung. Erst dadurch war es mir möglich, innere Ressourcen, wie Durchsetzungskraft, Klarheit oder Veränderungsbereitschaft, in mir freizusetzen, die mir dabei halfen, das Ruder meiner Heldinnenreise zu wenden und meinen eigenen Weg einzuschlagen. So verließ ich den Pfad bereits vorgefertigter Wege und begann ein Bewusstsein für meine eigenen, inneren Impulse zu entwickeln, ihnen zu folgen und ihnen zu vertrauen – mit jedem Schritt mehr.

2 Ein neues Paradigma **17**

All die Herausforderungen, Krisen und Schwierigkeiten, die du als Held oder Heldin auf deiner Reise erlebst, sind niemals umsonst! Sie werden zu deinem Antrieb, zu deinem Zündstoff, zu deinem inneren Feuer, um eine Veränderung in der Welt zu bewirken. Kennst du die Bedeutung der Buchstaben-Kombination „WIDEG"? Wenn es gerade nicht rund läuft, dich eine Situation sehr herausfordert oder du dich momentan vielleicht sogar in einer Krise befindest, frage dich: „Wofür ist das eine Gelegenheit?" Und du wirst auch jene Aspekte an einer vermeintlich schwierigen Situation erkennen, aus denen du etwas lernen kannst, die dich zum Wachsen bringen und dir neue Möglichkeiten auf deinem Weg aufzeigen.

Superheld:in

> **Reflexion: Deine persönliche Held:innen-Reise**
>
> Um deine Held:innen-Reise bis hierher zu reflektieren, möchte ich dir nun gerne die Gelegenheit dazu bieten. Es ist eine sehr kraftvolle Weise, um dir noch konkreter über deine Superpowers bewusst zu werden und zu erkennen, wo du bisher in deinem Leben über dich selbst hinausgewachsen bist und etwas für dich und dein Umfeld verändert hast.
> Reflektiere deine Reise anhand folgender Fragen:
> - Was waren die größten Prüfungen in deinem bisherigen Leben?
> - Welche Erfahrungen haben dich aus deiner gewohnten Welt, deiner Komfortzone, geholt und dich dazu gebracht, über dich selbst hinauszuwachsen?
> - Welche Helfer:innen und Mentor:innen standen dir zur Seite?
> - Was hast du verloren?
> - Was hast du gewonnen?
> - Welche Potentiale und Superkräfte hast du in dir geweckt?
> - Auf welche Weise und für wen hast du deine Superkräfte eingesetzt?
> - Welchen Unterschied hat das für dein Umfeld bewirkt?
> - Wie hast du dich dadurch verändert und bist heute ein anderer Mensch?

Literatur

Campbell J (2022) Der Heros in tausend Gestalten. Insel, Berlin
Kasper H, Mayrhofer W (2002) Personalmanagement Führung Organisation. Linde, Wien

3

Die natürliche Kraft in Teams

Zusammenfassung Die Aspekte unserer Menschlichkeit und die Wichtigkeit, auf diese in der Berufswelt ein Augenmerk zu legen, werden erläutert. Durch das Leben unserer Natürlichkeit wird klar, wie viel Kraft darin geborgen liegt für uns selbst, unser Umfeld und unsere Umsetzungskraft in der Formation eines Teams. Du erfährst, wie du deine Menschlichkeit auf eine freudvolle und kraftvolle Art und Weise zum Ausdruck bringen und zum höchsten Wohl aller einsetzen kannst. Anhand eines bekannten Beispiels aus der Welt des Sports wird die Magie der Natürlichkeit deutlich. Durch das Anzapfen der WIR-Intelligenz wird es für ein Team möglich, die eigene Team Excellence zu aktivieren.

3.1 Menschsein leben

In uns allen ist der natürliche Antrieb geborgen mit anderen gemeinsam zu wirken, sich gegenseitig zu inspirieren, gemeinsam zu gestalten sowie Freude und Wertschätzung in einer Gruppe zu erfahren. Menschen wollen gesehen und wahrgenommen werden. Dies beginnt im

Familienverbund und dehnt sich aus in alle Lebensbereiche, so auch in die Berufswelt. Über die positiven, menschlichen Qualitäten schreibt auch Dalai Lama in seinem Buch „Der Sinn des Lebens" (2019, S. 17–30). Und Menschen wollen gefragt und gehört werden. Zwei grundlegende Tools habe ich als Führungskraft mehr und mehr zum Einsatz gebracht und damit große Erfolge erzielt für ein gesundes, kraft- und freudvolles Miteinander: das Zuhören und das Fragenstellen. Zuhören schafft Vertrauen und Zugehörigkeit. Das Stellen von Fragen aktiviert die Gestaltungsfreude und Selbstverantwortung in Teams. Beide Tools schaffen Freiraum und Offenheit und vermitteln Respekt und Wertschätzung. Auch bin ich davon überzeugt, dass Weisheit und Wissen in einem Team bereits verankert sind. Durch das Zuhören und Fragenstellen wird beides mobilisiert.

In einer Gemeinschaft wollen wir grundlegende Bedürfnisse wie Respekt, Wertschätzung, Anerkennung, Offenheit und Verbundenheit erfahren. Wir erleben uns selbst in einer Gruppe noch einmal auf eine ganz andere, „neue" Art und Weise, als wenn wir nur für uns sind. Und beide Aspekte bergen eine besondere Qualität in sich: die Erfahrung in einer Gruppe und die Erfahrung für uns allein zu sein. Auf das Berufsleben übertragen ist es die Teamarbeit und die Einzelarbeit. Wenn du in beiden Konstellationen bereits gearbeitet hast, hast du vermutlich die Qualitäten der beiden Arbeitsweisen erfahren und schätzen gelernt. Beides ist für mich gleich wertvoll. Die Einzelarbeit birgt für mich unter anderem die Erfahrung von Qualitäten wie Fokus, Konzentration, Selbstdisziplin und Eigenverantwortung in sich. Teamarbeit enthält die Möglichkeit so wunderbare Qualitäten wie Vertrauen, WIR-Intelligenz, WIR-Kraft und Verbundenheit miteinander zu erleben. Dadurch werden wir so reich beschenkt in den verschiedenen Konstellationen, einzeln oder im Team: sich selbst und seine Mitmenschen mehr und mehr kennenzulernen, zu vertrauen und sich auf sich selbst und aufeinander einzulassen.

In unserem Menschsein ist das tiefe Bedürfnis verankert, authentisch zu sein, authentisch zu leben und authentisch im Umgang mit anderen zu sein. Darunter verstehe ich: unseren natürlichen, inneren Impulsen zu folgen und ihnen Ausdruck zu verleihen – d. h. das, was uns als Mensch ausmacht, unser Menschsein, zu leben.

> **Wichtig: Unsere Menschlichkeit**
> Was ermöglicht es dir deine Menschlichkeit in der Berufswelt zum Ausdruck zu bringen? Unser Menschsein zu leben, umfasst für mich Aspekte und Qualitäten wie:
> - Gefühle und Bedürfnisse zu kommunizieren,
> - Gestaltungsfreude und Leichtigkeit im Miteinander zu leben,
> - den eigenen Freiraum wahrzunehmen und einzunehmen,
> - Verantwortung für das eigene Tun und Handeln zu übernehmen,
> - Wertschätzung und Respekt sich selbst und anderen gegenüber wie von selbst, eben ganz natürlich, zum Ausdruck zu bringen,
> - gemeinsam zu reflektieren und Erreichtes zu feiern,
> - in dem Bewusstsein zu leben, dass in uns unzählige Stärken, also „Superkräfte", geborgen liegen, die wir erkennen, aktivieren und zum Wohle aller einsetzen dürfen.

In meiner bisherigen Berufspraxis nehme ich bei mir selbst und anderen immer deutlicher das starke Bedürfnis wahr, sich frei ausdrücken zu können mit dem, was man denkt und, wie man sich fühlt – eben das eigene Menschsein zu leben! Die eigenen Gefühle auf eine achtsame Art und Weise zu zeigen und zu artikulieren oder die Gefühle, die man in einem Gespräch beim Gegenüber wahrnimmt, respektvoll anzusprechen, bringt unglaublich viel Lebendigkeit in die Zusammenarbeit. Auch liegt hier das Potenzial geborgen, eventuell aufkeimende Konflikte in dem Moment zu lösen.

Oft sind wir es nicht gewohnt, auf die beschriebene Weise zu agieren und es braucht unseren Mut, diesen Weg einzuschlagen. Denn auf diese Weise übernehmen wir Verantwortung für unsere Gefühle und Bedürfnisse und erwarten nicht mehr, dass die Kolleg:innen oder Vorgesetzten, die Verantwortung dafür übernehmen. Dadurch schaffen wir mehr Raum, uns viel freier auszudrücken und zu agieren. Und das brauchen wir so dringend in der Berufswelt, um neue, zukunftsfähige, nachhaltige Lösungen zu erzielen – über Unternehmen, Branchen und Ländergrenzen hinweg. Diese Art von Haltung und Handlungsweise brauchen wir, um die Ausbeutung von Menschen und ihren Ressourcen zu stoppen.

Auf diese Weise öffnen wir neue Denkräume, erzeugen wir einen viel größeren Handlungsspielraum für jede:n einzelne:n und miteinander und ermöglichen das Aktivieren unserer Superkräfte. So wird das Potenzial, das in uns schlummert, freigesetzt.

Die Bedeutung des authentischen Seins in der Berufswelt ist seit einigen Jahren präsent durch Fachliteratur, Vorträge oder Leitsätze in Unternehmen. Hervorgehoben wird die Wichtigkeit authentisch zu agieren – sei es als Bewerber:in, Mitarbeitende oder Führungskraft. Authentizität ist für mich ein Mode- bzw. Schlagwort im Business geworden.

Meiner Ansicht nach gilt es als Kompliment zu hören: „Du bist so authentisch!" Aufgrund verschiedenster Beobachtungen in meinem Berufsalltag habe ich mich oft gefragt: Warum sollten wir unser Menschsein „verstecken" müssen? Unsere ureigenste Natürlichkeit unter den Teppich kehren? Unsere Bedürfnisse nicht artikulieren und Emotionen nicht zeigen dürfen? Weil es nicht den gesellschaftlichen Konventionen entspricht? Weil es nicht von „Stärke" zeugt und man dann „sein Gesicht verliert", wenn man Gefühle zeigt oder Gefühle anspricht? Warum sollten wir unsere Unsicherheit in einer beruflichen Situation oder unser Unwissen zu einem bestimmten Thema nicht zeigen dürfen? Meiner Meinung nach zeugt genau das von Stärke zu sagen: „Ich fühle mich jetzt in dieser Situation nicht wohl", oder „Ich weiß es nicht. Darauf habe ich momentan keine Antwort." Dies einzugestehen, beweist meiner Meinung nach wahre Stärke. Es macht frei, ermöglicht neue Handlungsalternativen und öffnet neue Denkräume.

> Mein Paradigma lautet: zurück zur Natürlichkeit des Menschseins! Auch, und vor allem in der Berufswelt, zurück zu unserem natürlichen Sein!

Wenn wir dies zulassen und uns selbst die Erlaubnis dafür geben, werden Ausbeutung in der Berufswelt, wie Burn-Out oder Mobbing, kein Thema mehr sein – werden Nachhaltigkeit, Selbstverantwortung und Spitzenleistungen wie von selbst, d. h. natürlich, mit Freude und Leichtigkeit, erreicht und gelebt!

Wenn jemand in unserem Umfeld ganz „Mensch" ist, authentisch und natürlich, empfinden wir das als sehr erfrischend und befreiend. Es öffnet uns und erinnert uns an unser eigenes Menschsein, unsere eigene Natürlichkeit. Natürlichkeit hat etwas Magisches in sich! Es verzaubert und verzückt uns, einem Menschen zu begegnen, der ganz natürlich ist, der ganz bei sich ist und von da aus agiert. Damit verzaubern uns auch Kinder, wenn wir sie einfach nur beobachten – am Spielplatz, am Esstisch, beim Familientreffen. Sie reden „frei von der Leber weg" über ihre Gefühle und über ihre Sicht auf die Welt. Und das ist doch oft so lustig, erfrischend und herzöffnend!

Warum sollten wir also beruflich andere Bedürfnisse haben bzw. anders sein als im privaten Umfeld? Wer hat uns vermittelt, Berufliches und Privates strikt trennen zu müssen – in der Hinsicht von es gäbe zwei verschiedene Ichs: ein „privates Ich" und ein „berufliches Ich". Warum sollte das sinnvoll sein? Wer ist auf die Idee gekommen, es sei nicht „angebracht" die eigenen Bedürfnisse in der Berufswelt zu artikulieren sowie Emotionen zu zeigen? Wer hat uns weisgemacht, wir könnten nicht „Ich" sein im Berufsleben? Wir sollten uns zurückhalten, verstellen, unterordnen, klein machen etc. – denn, was im Berufsleben einzig und allein zähle, seien Profit, Wettbewerb und das eigene Vorankommen. Das sind für mich Aspekte des alten Paradigmas, eines alten Weltbildes, veraltete Denk- und Handlungsmuster, die uns in der Welt, wie wir sie jetzt erleben, nicht mehr dienlich sind und uns im Wege stehen.

> **Reflexion: „Menschsein"**
>
> - Wie geht es dir damit? Wie sehr lebst du dein „Menschsein"? Was bedeutet es für dich?
> - Übernimmst du Verantwortung für deine Bedürfnisse und artikulierst sie?
> - Wie sehr trennst du dein „privates Ich" von deinem „beruflichen Ich"?
> - Wie sehr hast du dich in deinem Arbeitsumfeld bisher zurückgehalten, klein gemacht oder untergeordnet? Hat es dir auf diese Weise Spaß gemacht in deinem Beruf und hat es dich erfüllt?
> - Bringst du in deinem Arbeitsalltag zum Ausdruck, wie es dir geht und, was du wirklich denkst? Und wenn nicht, was hält dich davon ab?
>
> Nimm dir ein paar Minuten Zeit, um diese Fragen für dich zu reflektieren und bestenfalls auch niederzuschreiben – und nimm einfach einmal zur Kenntnis, was hier zutage kommt. Allein das Erkennen und Anerkennen der eignen Denk- und Handlungsmuster ist ein großer Schritt hin zu einem

> authentischen Sein. Denn sobald ich etwas erkannt und anerkannt, d. h. akzeptiert, habe, erkenne ich auch, ob und was ich daran ändern möchte – im Umgang mit mir, mit meiner Umgebung und in meiner Kommunikation.

Auch ich habe während meiner bisherigen Berufserfahrung Schritt für Schritt erkannt, wo ich nicht authentisch war, mich selbst klein gemacht habe, meine Natürlichkeit nicht gelebt habe, in meiner Kommunikation nicht klar genug war.

Warum sollten wir unsere Natürlichkeit und unsere grundmenschlichen Bedürfnisse als Erwachsene und in der Berufswelt nicht leben? Mir fällt kein Grund dafür ein!

Den Mut aufzubringen, authentisch zu sein und unsere Natürlichkeit zu leben, bedeutet für mich die eigene Meisterschaft zu leben. Dadurch geschieht wahre Selbstermächtigung. Es bedeutet nach meinem Verständnis ein „für sich Einstehen" mit allem, was uns ausmacht – mit all unseren Ecken, Kanten und blinden Flecken – mit unseren Bedürfnissen, Ideen, Sichtweisen und Vorschlägen – und vor allem: mit unseren Superkräften! Ich nenne sie in meinem Buch „Superpowers". Die meisten von uns sind in einem Umfeld groß geworden sind, wo der größere Fokus, bildlich ausgedrückt, eher auf einem halbleeren als auf einem halbvollen Glas liegt. Was meine ich damit? Der Blick ist viel häufiger und gründlicher darauf gerichtet, was alles fehlt und vorgegebenen Maßstäben nicht entspricht. Aus diesem Grund ist es für uns, unsere Entfaltung und unsere Umgebung umso wichtiger, uns unserer eigenen Superpowers bewusst zu sein und für diese einzustehen. Und sie vor allem in allen Lebensbereichen einzusetzen! Ja, und das braucht Mut, Durchhaltevermögen und Vertrauen in unsere Superkräfte, damit wir einen Schritt nach dem anderen auf unserem eigenen Weg gehen. Deswegen verwende ich dafür die Formulierung „die eigene Meisterschaft leben".

3.2 Die Magie der Natürlichkeit

Die Natürlichkeit trägt in sich etwas Zauberhaftes, etwas Magisches und Kraftvolles. Natürlich zu sein passiert ohne Anstrengung, leicht und frei. Und in Teams liegt eine Natürlichkeit, eine natürliche Kraft geborgen, die nur darauf wartet, gesehen, erkannt und gelebt zu werden. Und das ist mein Credo: die natürliche Kraft von Teams zu nutzen und die Magie der Natürlichkeit zu entfesseln!

Oft fragen wir uns bei Spitzenteams, die Spitzenleistungen vollbracht haben: „Wie konnten sie das schaffen? Irgendwie wirkten sie ganz entspannt und leicht dabei auf dem Weg zum Sieg!" Das ist für mich genau das, was Magie ausmacht. Wenn man sich fragt: „Wie haben sie das geschafft so leicht und voller Freude?" Ich möchte dich anhand eines Beispiels gerne entführen in die Welt des Sports. Denn die Zusammenarbeit in Teams in der Berufswelt birgt viele Parallelen zum Sport, z. B. zum Fußball. Da gibt es auch:

- Teams,
- ein Spielfeld,
- ein Set von Regeln und Richtlinien, wie gelbe Karte, rote Karte, usw.

Vielleicht erinnerst du dich an die Fussball EM 2016 (Hórstson 2016). Island besiegte England mit 2:1 im Achtelfinale. Bis dahin war die isländische Fußballmannschaft absolut nicht bekannt. Sie waren komplette „Underdogs", doch die Spieler setzten sich mit Herz und Hingabe während des Spiels ein. Sie gaben ihr Bestes, indem sie all ihre Superpowers zum Einsatz brachten. Und sie konnten nur staunen und jubeln nach ihrem fulminanten Sieg über England. Der isländische Spieler, der das zweite und ausschlaggebende Tor erzielt hatte, war bei den Interviews nach dem Spiel noch immer vollkommen überrascht und außer sich vor Freude. Er meinte, dass die Engländer bis dahin Spieler waren, denen sie sonst nur vom Fernseher aus zugeschaut hatten. Sie konnten es einfach nicht fassen! Und die isländischen Zuschauer und Fans agierten für ihre Fußballmannschaft wie ein zwölfter Mann durch ihr unermüdliches Anfeuern und ihren Glauben an ihre Landsleute und einen Sieg. Wie hatte die isländische Mannschaft diese Spitzenleistung geschafft? Sie hatten die natürliche Kraft im Team erkannt und eingesetzt. Und das ist auch meine Art zu arbeiten: die natürliche Kraft in Teams zu entfesseln!

Im Sport ist die Leistungskraft jedes Teammitglieds unterschiedlich. Und das ist genau das, was wir auch im Business vorfinden! Jede:r steht an einer anderen Stelle. Und wir können nicht aus jedem Spieler und jeder Spielerin eine:n Spitzensportler:in machen. Aber jeder Mensch ist geeignet, sein genial Bestes in der Formation einer Gemeinschaft zu geben, denn jede:r einzelne wird von der Gemeinschaft mitgetragen und dadurch implizit sogar gepusht.

Ich bin davon überzeugt: Jede:r ist besser im Team als wenn sie oder er alleine wäre. Und selbst wenn man mit der herkömmlichen Brille darauf schauen würde: „Naja, da ist jetzt so ein Schwächling im Team", oder „Oje was mache ich denn nun aus diesem 'Grüppchen', das ich zugeteilt bekommen habe?" Wenn du es in so einer Situation verstehst mit einem Blick für die natürliche Kraft, die in jedem Menschen innewohnt, auf das gleiche „Grüppchen" und damit auf jedes Teammitglied zu schauen, dann bist du imstande die Magie heraufzubefördern und zu wecken – und den Teamgeist zu entfesseln!

Das bedeutet, wenn jede Person in ihrer Natürlichkeit bleiben kann, dann wird aus diesem Miteinander etwas Formidables, wo jede:r einzelne im Nachhinein staunt: „Wow, das ist uns gelungen?", „Das haben wir geschafft? Wirklich?" Ihr beglückwünscht euch und klopft euch gegenseitig auf die Schultern!

Was passiert? Es erhebt jede:n einzelne:n in einen besonderen Raum. Diese Gemeinschaft erhebt jedes Teammitglied in einen Raum, wo es sich freier in seiner Natürlichkeit und seinen Stärken entfalten kann! Durch diese Wirkung erkennen wir: jede:r von uns wird gebraucht! Es ist so wichtig, dass wir alle zu unserer natürlichen Kraft stehen und aus unserer Authentizität heraus leben und agieren. Und dafür braucht es bestimmte Rahmenbedingungen und eine bestimmte Herangehensweise in der Führung. Es erhebt jede:n einzelne:n in einen besonderen

Raum von Freiheit, also in einen Freiraum[1]. Und das erscheint für manche vielleicht widersinnig, weil man glaubt in einem Team müsse man mehr Regeln haben. Aber die eigene Freiheit bzw. jede einzelne Person und ihre natürliche Kraft werden dadurch eher eingeschnürt und eingedämmt als freigesetzt!

> Ich stehe für folgendes Prinzip: Ich stehe für das Entzurren, für das Weglassen von unnötig fesselnden Korsetten, wie einem Übermaß an Regeln, Formgebenden und Strukturen, die hinderlich sind und die Luft zum Atmen nehmen in der Berufswelt. Wir denken, wir brauchen all das Einschnürende in einem Unternehmen, aber es nimmt die Luft zum Atmen für ein Team. Es geht darum eine Balance herzustellen in einem Team zwischen: Freiraum, Respekt, Fokus und Klarheit.

Also wie kannst du dich als Führungskraft auf die natürliche Kraft in deinem Team besinnen und wie könnt ihr miteinander spielen wie auf einem Spielfeld? Indem du sie freisetzt, d. h. das authentische Sein zulässt, und damit eine Art von Magie entfesselst, die jedem einzelnen Menschen innewohnt, die aber erst durch das Feld der Gemeinschaft überhaupt spürbar wird und dadurch eine ganz tragfähige Konsistenz und Präsenz entwickelt.

Wo dann, wie eine Spitzen-Mannschaft im Sport, dein Team staunt und sagt: „Wir wissen selbst nicht, wie wir das geschafft haben!" So als würdest du deinem Team ein Mikrophon nach einem „Sieg", d. h. einer Spitzenleistung, hinhalten und fragen: „Und wie habt ihr es geschafft?" Und es muss erst einmal ankommen bei deinem Team, dass sie gesiegt haben. Sie versuchen sich erst selbst einen Reim daraus zu machen und sind am Staunen.

Was sind wir imstande zu vollbringen in der Form einer Gemeinschaft, wenn wir unsere natürliche Kraft achten? Ich will auf einen Weg hinweisen, der sehr viel mehr Freiheit, sehr viel mehr Freiraum, Klarheit und Ungebundenheit ins Spiel bringt, und dieses freie Spielfeld in der Berufswelt einfach erlebbar macht.

---

[1] Siehe dazu auch Kap. 6

Ich möchte Vertrauen dafür wecken, dass es funktioniert – sogar mit mehr Leichtigkeit. Und auch mit mehr Selbstachtung und Selbstwürde für jede:n einzelne:n die Ergebnisse erreichbar sind, die so gar nicht erwartet wurden, sondern eure Erwartungen übertreffen werden! Das bedeutet für mich, das eigene Menschsein im Business zu leben.

3.3 Team Excellence: Das Feld der WIR-Intelligenz freisetzen und WIR-Kraft leben

Team Excellence bedeutet für mich die eigene Natürlichkeit und Menschlichkeit im Team zu leben und dadurch zukunftsfähige Ergebnisse zu erzielen. Sie basiert für mich in einem ersten Schritt darauf, die eigene Meisterschaft zu leben, d. h. die Superkräfte, die in uns schlummern, zu erkennen und zu unserem und zum höchsten Wohl aller einzusetzen. Und in einem zweiten Schritt wird Team Excellence gelebt bzw. werden exzellente Ergebnisse erreicht, durch eine exzellente Teamarbeit, d. h. durch das Aktivieren der WIR-Intelligenz. So könnt ihr unangenehme oder herausfordernde Situationen gemeinsam meistern. Indem du als Führungskraft einen Schritt zurücktrittst, dir selbst und deinem Team mehr Freiraum gibst und das Team durch das Stellen von verschiedensten Fragen miteinbindest, wird eure WIR-Intelligenz aktiviert. Michael Jordan (1994, S. 20) hat dies mit dem bereits eingangs erwähnten Zitat auf den Punkt gebracht: „Talent wins games, but teamwork and intelligence win championships."

Aus den Naturwissenschaften ist bekannt, dass nur kooperative Organismen überleben. Meines Erachtens ist dies auch sehr passend für die Wirtschaftswelt und die Überlebensfähigkeit von Organisationen und Unternehmen. Auch wenn ihr im Team vielleicht anfängliche Berührungsängste spürt, könnt ihr durch das Schaffen einer gemeinsamen Identität, eines gemeinsamen „WIR", eine tragfähige Basis aufbauen. Wie kann das gelingen? Zum Beispiel über gemeinsame Werte, um die Zusammenarbeit zu etablieren. Denn gemeinsame Werthaltungen sind ein hervorragender Klebstoff für dein Team, zum Beispiel durch das

Formulieren einer gemeinsamen Team Charter sowie dem Aktivieren und Leben eurer Superpowers im Team. Konkrete Beispiele[2] dazu findest du in den nachfolgenden Kapiteln.

In der Rolle als Führungskraft, zum Beispiel im Zuge einer Teamleitung oder Projektleitung, nehmen wir hier eine bedeutende Vorbildfunktion ein, wenn es darum geht, andere in ein Team bzw. Projekt zu integrieren. Und meines Erachtens dürfen wir einen viel größeren Fokus darauf legen, was uns alle verbindet als darauf, was uns trennt! Warum? Weil wir dadurch erst handlungsfähig werden und eine sehr große Schubkraft nach vorne freisetzen hin zu einem „WIR", einer erfolgreichen Zusammenarbeit, und erfolgreichen, d. h. zukunftsfähigen, Ergebnissen! Das bedeutet für mich WIR-Kraft bzw. Team Excellence zu leben. Sie basiert darauf unsere Natürlichkeit, unser Menschsein, zu leben. Und das hilft uns in allen Lebensbereichen immens weiter.

Um in diesem Kapitel noch konkreter zu werden, möchte ich gerne mit dir ein paar Erfahrungen und Erkenntnisse aus meiner Zusammenarbeit mit Teams teilen. In meiner Praxis setze ich sehr vielfältige Aufträge um: Trainings für Projektleitende, um ihre Rolle zu professionalisieren, 1:1 Coaching-Sitzungen mit Führungskräften, oder die Moderation von unterschiedlichsten Workshop-Formaten, z. B. eines Zukunftworkshops, um gemeinsam mit einem Team Innovationen für die nächsten „x" Jahre auszuarbeiten.

Und dabei begegnen mir immer wieder, implizit oder explizit, die Angst der Beteiligten, sich auf das eigene Team einzulassen oder Berührungsängste davor, ein Team-Building durchzuführen, um sich den aktuellen Themen, die vielleicht nicht ganz so rund laufen, zu stellen. Ja, unangenehme Themen können unangenehme Emotionen auslösen. Wir alle kennen das und haben solche Situationen mal besser, mal schlechter gelöst.

Was könnte eine geeignete Umgangsweise damit sein? Das Unangenehme wegschieben und hoffen, dass „es sich von selbst löst"?

---

[2] Anmerkung: Alle Beispiele, die ich in diesem Buch verwende und Erfahrungen, von welchen ich erzähle, spiegeln meine persönliche Wahrnehmung wider. Alle Beispiele wurden anonymisiert.

> **Wichtig**
>
> Wenn du unangenehme Themen lieber ausblendest,
> wenn du Schönwetter-Phasen in deinem Team bevorzugst,
> wenn du dich unsicher fühlst und vor gewissen Situationen im Businesskontext Angst hast, ist das ok.
> Du bist ok. Das ist menschlich.

Ich finde, wir können uns dies nicht oft genug selbst immer wieder bewusst machen und vor Augen führen. Dadurch nehmen wir Druck aus einer Situation – Druck uns selbst gegenüber, alles richtig und perfekt machen zu müssen, und den Druck aus der Situation mit deinem Team. Für mich geht es immer wieder darum zu unserer Natürlichkeit zurückzufinden.

Hast du den Mut mit deinem Team gemeinsam den nächsten Schritt zu gehen, eure Superpowers zu aktivieren und eure natürliche Kraft zu leben? Dann ist meine Empfehlung an dich: Schaue hin! Stell dich der Situation. Wozu hast du deine Superpowers? Sie helfen dir, um aus deiner Komfort-Zone herauszukommen. Setze sie ein! Sobald du dich einer herausfordernden Situation stellst, gibt dir diese Entscheidung sofort Kraft und das Unangenehme daran verliert an Macht über dich. Also höre in dich hinein und frage dich in so einer Situation: Welche meiner Superkräfte helfen mir jetzt? Welche inneren Impulse kann ich wahrnehmen, die mich dabei unterstützen, diese Situation anzunehmen und zu transformieren? Was ist der nächste Schritt? Mut, Zuversicht, Klarheit und Humor sind nur ein paar deiner Superkräfte, die dir hier helfen können!

Wobei helfen sie dir? Die Situation so zu transformieren, dass wieder eine konstruktive und produktive Arbeitsatmosphäre möglich wird – dass ihr gemeinsam nach vorne schauen könnt und eure Ziele und Projekte als Team verfolgt. Und sobald du dich so einer Situation in deinem Team stellst, die dich herausfordert, werden nicht nur deine Superpowers aktiviert, sondern auch die WIR-Kraft und WIR-Intelligenz in deinem Team. Du kannst darauf vertrauen: diese Intelligenz, die euch als Team ausmacht, wird Klarheit bringen, sobald du den ersten Schritt machst. Vertraue dem Prozess!

Ich selbst habe zum Beispiel folgendes erlebt: in meiner Rolle als Moderatorin leitete ich einen Zukunftsworkshop für ein großes Unternehmen aus der Finanzbranche. Wunsch und Ziel des Auftraggebers war es, dass sein Team im Workshop neue Innovationen für die kommenden sechs Jahre ausarbeitet. Beim Zukunftssprung nach 2028 ging es nun darum, neue Denkräume zu öffnen. Nicht allen zwölf Teilnehmenden gelang dieses Zukunftsdenken auf Anhieb. Skepsis, Unsicherheit und Angst waren im Raum spürbar.

Wie bin ich vorgegangen? Anfangs nahm auch ich die Situation als irritierend wahr und war verunsichert, ob die Teilnehmenden nun in das Zukunftsdenken hineinfinden würden. Indem ich mir selbst und allen Zeit gab, um sich in diesem „Zukunftsraum" einzufinden, veränderte sich die Atmosphäre. Ich habe dem Prozess in diesem Moment vertraut und der WIR-Intelligenz im Raum. Durch das behutsame Stellen verschiedenster Fragen, um den Prozess zu initiieren und anzuregen, konnten sich alle Schritt für Schritt dafür öffnen und sich auf den Prozess einlassen. Das Resultat? Das Team kreierte ein sehr kraftvolles Zukunftsbild für 2028 und alle gingen mit einer beflügelnden und motivierenden Perspektive und Vision aus dem Workshop hinaus.

Eure WIR-Intelligenz wird euch den Weg weisen. Vertraue dem Prozess!

Nun habe ich bereits mehrmals den Begriff der WIR-Intelligenz verwendet, und du fragst dich vielleicht, was dieser konkret bedeutet? Im wissenschaftlichen Magazin „Science" wurde 2010 erstmals diese kollektive Intelligenz in einem Artikel beschrieben (Woolley et al. 2010). Forschungsergebnisse zeigen, dass Gruppen eine kollektive Intelligenz besitzen, die es ihnen ermöglicht, unterschiedlichste Aufgaben immer wieder kreativ zu lösen und sich einzustellen auf neue Situationen, Herausforderungen und Umfelder. Ausschlaggebend für das Ausmaß kollektiver Intelligenz ist nicht der individuelle Intelligenz-Quotient (IQ) der einzelnen Gruppenmitglieder. Die Ausprägung korreliert mit der durchschnittlichen sozialen Sensibilität und einem ausgewogenen Redeanteil aller Gruppenmitglieder. Das bedeutet, wenn wir uns aufeinander beziehen, entstehen neue, kreative Lösungen. Empathie, die Fähigkeit andere Teammitglieder wahrzunehmen und sich auf sie einzulassen, und ausgeglichene Gesprächsanteile bestimmen die kollektive Intelligenz. Das macht ein Team intelligent!

Dr. Birgit Feldhusen spricht in ihrer Keynote (2021) von einem „Collective Mind". Je mehr Aufmerksamkeit und Achtsamkeit wir aufeinander richten, je mehr wird das Collective Mind entwickelt. Dadurch entstehen ein gemeinsamer Wissensraum und eine gemeinsame Handlungsfähigkeit. Jede Perspektive hat seine Wahrheit und, wenn wir unsere Perspektiven zusammenbringen und es schaffen, auch die Perspektiven der anderen im Team einzunehmen, entsteht WIR-Intelligenz. Wir stimmen das eigene Verhalten immer wieder auf das große Ganze ab und verbinden damit das Verhalten miteinander.

Peter Spiegel verwendet in seinem Buch „WeQ – More than IQ, Abschied von der Ich-Kultur" (2015) den Begriff WeQ. Hier steht das „Q" allerdings für Qualitäten und er unterscheidet zwischen Ich-Qualitäten und Wir-Qualitäten.

Die kollektive Intelligenz umfasst das große Potenzial von Wir-Kultur, Co-Kreation und gemeinsamer Innovation. Dadurch entsteht menschliche Verbundenheit und alle ziehen an einem Strang. Selbstorganisation und Selbstverantwortung werden im Team geweckt. Sie beschreibt für mich die Intelligenz des gesamten Teams, die zukunfts- und teamorientiert ist. Im Team sind wir intelligenter, leistungsstärker und erfolgreicher – davon bin ich überzeugt und habe ich bereits oftmals in meiner Berufspraxis erlebt. Diese agile und selbstorganisierte Intelligenz ermöglicht eine offene Kollaboration und eine Entfaltung neuer Potenziale im Sinne neuer Lösungen, innovativer Ideen, Handlungsoptionen und Vorgehensweisen. Und Innovationsmethoden wie Design Thinking oder agile Arbeitsweisen tragen den WeQ Gedanken bereits in sich.

> Habe den Mut gemeinsam mit deinem Team die WIR-Intelligenz in eurer Zusammenarbeit zu aktivieren und einzusetzen. Du wirst sehen, dass dies eine unglaubliche Schubkraft nach vorne bewirken wird – für eure Projekte, eure Ziele und euren gemeinsamen Erfolg. „Nebenbei" wird auch der Team Spirit aktiviert und gestärkt und zukunftsfähige Lösungen umgesetzt. Ihr werdet gemeinsam auf allen Ebenen absolut davon profitieren!

Wie du die WIR-Intelligenz aktivieren und daraus resultierend eine kollaborative Exzellenz erreichen kannst, d. h. „Team Excellence" in deinem Team leben kannst, möchte ich dir in diesem Buch anhand einiger Beispiele und Erfahrungen aus meiner Praxis veranschaulichen.

Nun, wie kannst du WeQ in deinem Team freisetzen?[3] Ein Beispiel: Hattest du in deinem Arbeitsumfeld schon einmal den Mut, ein „Nein" auszusprechen oder ein „Stopp"? Oft stehen wir als Projektleiter:innen oder Führungskräfte unter einem enorm hohen Druck, die uns übertragenen Projekte zeitgerecht, in hoher Qualität und im gesetzten Budgetrahmen abzuliefern. Mit der großen Komplexität, die ein Projekt mit sich bringt – aufgrund komplexer organisatorischer Strukturen, technologischer Herausforderungen und hoher Risiken, die mit der Projektumsetzung einhergehen – sind wir gefordert, mutig für uns, unser Team und das Projekt einzustehen, um mit Team Excellence erfolgreich die gesteckten Ziele zu erreichen.

Dieses komplexe, dynamische und unsichere Arbeitsumfeld könnte sich folgendermaßen widerspiegeln. In Situationen, in welchen große Unklarheit im Projekt herrscht:

- Hast du dann den Mut, diese Art von Unsicherheit zu akzeptieren und den Fokus auf Lösungen, Möglichkeiten und kontinuierliches Lernen zu lenken?
- In sehr intensiven Projektphasen, wenn Stakeholder-Gruppen zusätzliche Anforderungen zum Projektumfang hinzufügen wollen, die den Projekterfolg riskieren könnten: Traust du dich ein klares „Nein" zu formulieren?
- Bei unrealistischen Rahmenbedingungen und abenteuerlichen Erwartungshaltungen aus der Organisation: Hast du dann den Mut einen Projekt-Stopp zu überlegen und damit an deine Auftraggeber heranzutreten?

Vielleicht kommt dir die eine oder andere Situation aus deinem Projektumfeld bekannt vor und du hast dich bereits inmitten solcher Herausforderungen befunden. Oft sieht man den Wald vor lauter Bäumen

---

[3] Erstmals beschrieben in meinem Artikel „Mut zu „WeQ": Das Feld der Wir-Intelligenz entfesseln" (2020).

nicht mehr und der Druck zu handeln und eine Entscheidung zu treffen wird immer größer. Was kannst du tun?

In solchen Situationen gehe ich folgenden Weg: zuerst trete ich ein paar Schritte aus dem Projektgeschehen heraus, um die Situation für mich selbst zu reflektieren und um herauszufinden, welche Entscheidungen nun am dringendsten und wichtigsten sind. In einem zweiten Schritt führe ich diese Reflexion mit meinem Projektteam gemeinsam durch im Sinne eines Team Review. Diese Vorgehensweise hat mir schon viele Male in kritischen Situationen geholfen und sie bewährt sich jedes Mal aufs Neue! Warum wähle ich dieses Vorgehen und warum war ich damit schon so oft erfolgreich? Indem du für dich selbst reflektierst, gewinnst du Abstand und dadurch Klarsicht. Indem du dich mit deinem Team zusammensetzt und ihr die gegebene Situation einen Moment lang gemeinsam reflektiert, sowie Handlungsoptionen und Entscheidungsmöglichkeiten miteinander abwägt, zapfst du die WIR-Intelligenz des Teams an. So öffnest du den Raum für neue Sichtweisen, Ideen und Lösungsansätze, die im kollektiven Wissensfeld deines Teams bereits vorhanden sind. Die Antworten sind bereits da; sie sind im Team! Das heißt die Methode der „Reflexion" ist eine Möglichkeit, um diese Form der Intelligenz zu aktivieren. Und diese ist sehr kraftvoll, da sie eure gemeinsame Schubkraft nach vorne freisetzt. Dadurch, dass ihr hier alle eure Sichtweisen, Meinungen, Erfahrungshintergründe zusammenbringt, entsteht das Feld der WIR-Intelligenz – und damit etwas, das größer ist als die Summe der Intelligenz aller Einzelpersonen. Es entsteht ein kollektives Wissensfeld, das es euch ermöglicht geniale Lösungen zu entwickeln und umzusetzen. Ihr öffnet damit automatisch neue Denkräume und dieses „Think Big", wie es so oft in gängigen Management-Ansätzen genannt wird, passiert von selbst. Und nicht zu vergessen und ein Aspekt, der mir sehr am Herzen liegt: Freude und Begeisterung werden in eurem Team aktiviert, und allein das wird eure Schubkraft, d. h. eure Umsetzungskraft, noch größer machen und euch als Team beflügeln. Es ist so etwas Kostbares – und auch so einfach und wirkungsvoll!

Ein essenzielles und mächtiges Tool, das ich, wie bereits erwähnt, immer einsetze in meiner Arbeit und dir sehr ans Herz legen kann, ist das Fragenstellen. Fragen zu stellen ist das Medium jeder erfolgreichen und glückreichen Führungskraft. Durch das Fragenstellen wird die Selbstverantwortung und die Selbststärkung jeder Person aktiviert. Es lockt das Potenzial jedes Teammitglieds und des Teams insgesamt hervor – also eure WIR-Intelligenz!

Es bringt dich automatisch in einen Dialog mit deinem Team und öffnet den Raum, in dem Neues entstehen kann: neue Ideen, Lösungen, Kommunikationswege, neue Formen der Zusammenarbeit etc. Oft geht es auch darum neue Fragen zu stellen. Das macht oft den kleinen, aber wesentlichen Unterschied aus.

Durch den Einsatz der WIR-Intelligenz kannst du gemeinsam mit deinem Team mutig vorwärts gehen und zukunftsorientiert, selbstbestimmt und verantwortungsvoll handeln. In den folgenden Kapiteln gehe ich nun konkret darauf ein, wie ihr eure WIR-Kraft und WIR-Intelligenz freisetzen könnt und erzähle dir von meinen Erlebnissen aus der Praxis.

Team Excellence

Literatur

Dalai Lama (2019) Der Sinn des Lebens. Herder. Freiburg im Breisgau
Feldhusen B Dr (2021) Keynote auf der Freiräume Konferenz: Collective Mind. Auf der Suche nach dem Geist der Organisation. https://www.youtube.com/watch?v=DVqEdjJKHSg, Zugegriffen: 30. Jan 2024
Hórstson Ó (2016) Als Amateure angereist, als Legenden nach Hause. https://www.welt.de/sport/fussball/em-2016/article156785582/Als-Amateure-angereist-als-Legenden-nach-Hause.html. Zugegriffen: 30. Jan 2024
Jordan M (1994) I can't accept not trying: Michael Jordan on the pursuit of excellence. HarperCollins Publishers, New York
Rotter C (2020) Artikel: „Mut zu „WeQ": Das Feld der Wir-Intelligenz entfesseln". https://caroline-rotter-consulting.com/2020/05/17/mut-zu-we-q/. Zugegriffen: 30. Jan 2024
Spiegel P (2015) WeQ more than IQ. Oekom. München. S. 15–19
Woolley AW et al (2010) Evidence for a collective intelligence factor in the performance of human groups. Science 330(6004):686–688

4

Gestaltungsfreude aktivieren

Zusammenfassung Ich beschreibe, wie es möglich ist, die Gestaltungsfreude in jedem Teammitglied zu wecken und durch Beispiele wird klar, warum das Arbeitsumfeld und Arbeitsklima einen erheblichen Einfluss darauf haben. Um Freude zu aktivieren, braucht es Freiraum und einen klaren Fokus. Ich erzähle von einer Situation in meinem Berufsleben, in der ich in meiner Rolle als Führungskraft die Gestaltungsfreude in meinem Team freisetzen konnte. Auch hier ist die Fokussierung auf die Menschlichkeit der Schlüssel und du erfährst, wie du dies in der Praxis umsetzen kannst.

Freude ist für mich zum Wegweiser geworden. In meinem Business. In meinem Leben. Das war eine ganz bewusste Entscheidung für mich: mir zuzugestehen und mir zu erlauben, dem Wegweiser der Freude zu folgen. Und dies ging unter anderem Hand in Hand mit der Entscheidung mein eigenes Business zu gründen. Anfangs spürte ich dieses Gefühl der unbändigen Herzensfreude nur leicht und zaghaft. Konnte ich ihr vertrauen? Hatte ich den Mut, diesem Wegweiser stetig zu folgen? Ja! Mein Mut, meinen inneren Impulsen zu folgen und meiner inneren

Freude mehr und mehr Raum zu geben, war eine der besten Entscheidungen, die ich je getroffen habe, und hat mich auch zu diesem Punkt hier gebracht, dieses Buch zu schreiben.

Meine Freude wächst stetig. Mein Wegweiser blinkt hell und farbenfroh. Bei allen Herausforderungen, in zaghaften, unsicheren Momenten, meldet sich die Freude als treue Begleiterin: «Caroline, was bereitet dir jetzt die größte Freude?» Und dann sind sie wieder da: die Klarheit, Tatkraft, Zuversicht und die Gewissheit, meine Freude ist mein bester Wegweiser!

Wie lebst du die Freude in deinem Leben? Wie viel Raum gibst du ihr? Hat sie einen großen Stellenwert bei dir oder bist du der Meinung, Freude hat nur Platz in deinem Leben, wenn du in den Ferien, mit Freunden und Familie zusammen bist oder womöglich erst, wenn du in deinen wohlverdienten Ruhestand gehst?

Ich bin der Überzeugung und habe es schon so oft erlebt in der Zusammenarbeit im Berufsleben: Freude bringt so viel Erleichterung in schwierigen Momenten, so viel Leichtigkeit im Miteinander und löst eine immense Schubkraft nach vorne aus hin zu zukunftsfähigen, nachhaltigen Lösungen.

4.1 Der Freude Raum geben

Wann entsteht ein Raum, wo sich jede:r im Unternehmen geachtet fühlt und das Beste geben und einbringen kann? Wie entwickelt sich diese Art von Freiraum um jeden Menschen herum, in dem es möglich wird, sich mit allem einzubringen, was ihn ausmacht? Wie entsteht ein Arbeitsklima gekennzeichnet von Gestaltungsfreude und Leichtigkeit? Und warum solltest du so ein Arbeitsklima mit deinem Team anstreben wollen?

Stelle dir vor, du bekommst von deinem Chef ganz viele Vorgaben gemacht. Und diese Vorgaben kommen vielleicht von noch weiter oben, nämlich vom Chef vom Chef. Und dein Chef bekommt nun diese Vorgaben und gibt dann noch welche dazu, damit auch alles ganz sicher auf die Bahn kommt und so hergestellt wird, wie es von ganz oben erwartet wird... Wie geht es dir mit all diesen Vorgaben, die du zu erfüllen hast? Wie geht dir da die Luft aus?

Du erinnerst dich womöglich an solche Situationen in deinem Berufsleben: Wenn zu viele Vorgaben im Raum sind, dann wird Kreativität erstickt, die Luft zum Atmen wird dünn und das Denken wird enggleisig. Es werden von vornherein bestimmte Gedanken aussortiert oder nicht weitergedacht. Denn diese Gedanken oder Ideen, die erlaubt man sich nicht mehr und erstickt sie selbst im Keim. Du merkst zwar: „Ach, das wäre eine tolle Idee, aber ich sag sie erst gar nicht laut und ich denke sie gar nicht weiter, weil die Personen in meinem Arbeitsumfeld, die wollen das gar nicht hören."

Stelle dir vor, du bist in so einem Korsett! Wie geht es dir da damit?

Und nun stelle dir ein anderes Setting vor. Wie ist das, wenn du um dich herum ein Arbeitsklima erlebst, wo du dir denkst: „Ich habe da Freiraum! Ich habe Luft zum Atmen! Meine Gedanken und Ideen finden Gehör!" Da gibt es keine Ausrufe-Zeichen, die um dich herumschwirren, keine Stopp-Zeichen oder Habt-Acht-Zeichen, die dich ermahnen all die vielen Vorgaben einzuhalten. Du findest dich nicht vor imaginären Hinweistafeln wieder wie: „Hier gehts nicht weiter", „Hier ist eine Sackgasse!", „Bitte nicht weitergehen!" oder „Den Rasen bitte nicht betreten!".

Stelle dir so eine Atmosphäre um dich herum vor, wo einfach nur freie Fahrt, freier Raum ist, wo frische Luft zum Atmen ist. Und das ist deine ganz persönliche Atmosphäre in deinem Arbeitsumfeld und jede:r in deinem Unternehmen ist von solch einer Atmosphäre umgeben. Wie geht es dir dann? An dieser Stelle möchte ich auf einen Redebeitrag von Professor Sumantra Ghoshal hinweisen, der 1995 am Weltwirtschaftsforum in Davos über den Geruch von Arbeitsatmosphären in Unternehmen sprach. Er beschrieb, in welcher Art von Umfeld Mitarbeitende bereit sind, sich einzubringen, mitzugestalten und sich zu verändern. Wir als Führungskräfte kreieren den Kontext, also jenes Arbeitsklima, für unser Team, das so gesund und frisch sein kann wie eine Atmosphäre in einem Wald in Fontainebleau (Frankreich) – oder so stickig und ermüdend wie das Klima zur Sommerzeit in Kalkutta (Indien) bei rund

90 % Luftfeuchtigkeit und 38 Grad Celsius. Diese Art von Atmosphäre wirkt sich auf alle aus, die in ihr arbeiten. Welches Verhalten wird gefördert aufgrund des „Geruchs" des Arbeitsklimas?

Wenn du dich für ein neues Unternehmen entscheidest, dann ist das in etwa so wie bei der Mondlandung. Die Astronautin weiß, sie wechselt jetzt in eine andere Atmosphäre. Sie bereitet sich darauf vor und ist gespannt, wie es dort sein wird, sobald sie gelandet ist, und wie sie zurechtkommen wird in dieser neuen Atmosphäre. Genauso ist es im Grunde für jeden Menschen, miteingeschlossen auch für jede Führungskraft: „Wenn ich mich für dieses Unternehmen entscheide, und dann das erste Mal dort bin, und dann jeden Morgen da wieder hingehe, wie werde ich in dieser neuen Atmosphäre zurechtkommen? Wieviel Luft ist da für mich zum Atmen? Wieviel Freiraum? Wieviel freies Feld? Und wie wird die Atmosphäre sein, damit ich mich dort gut entfalten kann? Wie ist es für diejenigen, die bereits dort arbeiten? Werde ich in eine Atmosphäre eintauchen, in der neue Gedanken und Ideen willkommen sind? In der ich andere mitnehmen und begeistern kann?".

> Du kennst es wahrscheinlich von dir selbst: Wie zufrieden und motiviert du in deinem Job bist, wie sehr du dich öffnest und deine Ideen und Vorschläge einbringst in ein Team, hängt wesentlich von der Arbeitsatmosphäre ab.

Also, wie entfesselst du die Gestaltungsfreude in deinem Team? Wie wird der Gestaltungswille jedes Teammitglieds aktiviert? Wie sorgst du dafür, dass sich alle in deinem Team voller Freude einbringen und euer Produkt oder Produkte, den Prozess, die Ergebnisse etc. mitgestalten wollen? Indem du ein Klima herstellst, in dem jedes Teammitglied merkt und weiß: „Ich werde geachtet und gesehen für das, was mich ausmacht und für das, was mir wichtig ist! Ich werde gesehen für das, was ich hier einbringen möchte – für meinen Gestaltungswillen!".

Das heißt, jede:r im Team wird geachtet. Jede:r wird geachtet mit der guten Absicht, mit der er oder sie da ist und etwas gestalten will. Und um dieses Klima aufrecht zu erhalten, ist es notwendig, dass das immer wieder auch angesprochen wird: „Es ist gut, dass du da bist und es ist gut, was du hier miteinbringst. Diesen und jenen Vorschlag können wir sehr gut gebrauchen und ich achte dein Engagement." Oder: „Danke für dein Commitment!", „Danke, dass du in der Sitzung darauf hingewiesen hast." Es sind so viele kleine Dinge, die hier einen riesengroßen Unterschied machen!

Hast du das schon einmal erlebt, dass dich jemand so aufgenommen hat in einem Unternehmen? Wo du den Freiraum hattest, deine Gedanken und Ideen einzubringen und dafür Wertschätzung erfahren hast? Wenn ja, wie war das für dich? Wie hast du dich gefühlt? Freier? Hast du da, bildlich ausgedrückt, wie Luft unter deinen Flügeln gespürt? Hast du dich dann frei, mit noch mehr Schwung und mit noch mehr Lust am Geschehen eingebracht?

Oder hast du vielleicht auch schon einmal das Gegenteil erlebt? Hast du in einem eher entgegengesetzten Umfeld gearbeitet, wo dir ganz klar vorgegeben wurde: «Das alles ist bereits gesetzt, und es gibt nur noch dieses oder jenes zu erfüllen. Und bitte mache das bis gestern oder übermorgen.» Und da war ganz wenig Freiraum für dein Sein und Handeln. Vielleicht hast du gespürt: „Ach, ich würde eventuell hier ganz anders vorgehen. Und es wäre doch schön, wenn wir das hier integrieren könnten." Du hattest vielleicht einen ganz anderen Ansatz, oder du hättest gerne etwas ergänzt in diesem Projekt oder in jenem Vorhaben. Du hättest vielleicht noch einmal manche Dinge überdacht oder geweitet in eine bestimmte Richtung oder neu strukturiert. Aber es war einfach schon alles festgezurrt und jetzt ging es nur mehr darum, die Aufgaben auszuführen. Wie war das für dich? Allein, wenn du jetzt daran denkst und dir so eine Situation in deinem Arbeitsumfeld vorstellst, merkst du vielleicht, wie dein Körper enger wird, wie die Lunge, der Oberkörper, oder die Muskeln sich zusammenziehen?

> **Tipp: Freiraum zulassen**
>
> Achte darauf in deinem Team Freiraum zuzulassen! Und Achtung: Freiraum bedeutet für mich nicht: „Wir machen jeden Tag, wie es uns gerade einfällt." Das heißt nicht Beliebigkeit oder Laissez-faire. Es ist nicht wie bei einem Luftballon, wo man die Luft auslässt, und der fliegt in irgendeine Richtung davon.

Freiraum zu geben, bedeutet nicht Beliebigkeit oder das Abdriften in etwas Unbestimmtes. Sondern diese Atmosphäre von Freiraum um jedes Teammitglied herum entsteht durch sehr viel Klarheit und einen Fokus, der auf mehrere Dinge gerichtet ist. Das heißt: Fokussierung und Freiraum das gehört zusammen! Eine Atmosphäre von Freiraum kann nur fruchtreich im Business entstehen, wenn sie durch «Fokusiertheit» da ist. Und der Fokus sollte sich auf bestimmte Dinge richten, wie z. B. die Haltung der Führungskraft: „Ich gebe jedem Teammitglied das Gefühl: Ich achte dich in dem, was dich ausmacht und wie du mit deinem positiven Gestaltungswillen da bist." So aktivierst du die Gestaltungsfreude als natürliche Kraft, die bereits da ist, weil deine Teammitglieder da sind! Jede Person bringt ins Team ihren Gestaltungswillen **natürlicher-seits** mit! Jedes Teammitglied, das neu dazukommt, will sein Bestes geben. Denn jeder Mensch will ja auch etwas ernten und Selbstachtung erleben im Sinne von: „Da sieht mich jemand so, wie ich wirklich bin!" Auch richtest du hier deinen Fokus als Führungskraft auf die Wertschätzung jeder einzelnen Person im Team. So schaffst du die Basis für einen respektvollen Umgang miteinander auf Augenhöhe. Und um so ein Klima beizubehalten, ist es notwendig, dass ihr als Team den Fokus immer wieder darauf richtet, gemeinsame Werthaltungen vereinbart und diese auch lebt.

Wenn dir das gelingt als Projektleiter:in, Teamleiter:in, Führungskraft, dann hast du das Team auf deiner Seite! Dann hast du eine Atmosphäre von Vertrauen, Nähe und Wertschätzung geschaffen und deine Teammitglieder spüren: „Da ist jemand, der sieht mich und weiß, dass ich's gut meine." Und das klingt fast naiv in dieser Welt! Aber du wirst mit deinem Team damit die besten Ergebnisse erzielen. Und das Leben lehrt uns genau das und hat mich diese Erfahrungen sammeln lassen.

4.2 Gestaltungsfreude im Team leben

Nun möchte ich gerne ein paar Beispiele aus meiner eigenen Praxis mit dir teilen. Sie veranschaulichen konkret, wie es möglich ist, die Gestaltungsfreude in einem Team zu wecken, und dienen als Inspiration. Du bist ganz frei, deinen eigenen Weg in die Gestaltungsfreude mit deinem Team zu finden.

Ein Team übernehmen

In einem der Unternehmen, in welchem ich in der Vergangenheit gearbeitet hatte, wurde ich gefragt, ob ich ein Team bestehend aus sechzehn Personen[1] übernehmen wollte in der Rolle als Teamleiterin. Zu diesem Zeitpunkt leitete ich ein großes, strategisch wichtiges Projekt für das Unternehmen. Ich war also bereits gut ausgelastet. Der bisherige Teamleiter dieses Teams hatte sich kurzfristig entschieden, beruflich andere Wege zu gehen, und so war das Team nun ohne Führung. Es bestand die Notwendigkeit, rasch jemanden zu finden, der die Teamleitung übernahm, um für Stabilität und Kontinuität zu sorgen. Auf dem Flurfunk wurde dieses Team immer wieder einmal als «schwierig» bezeichnet. Die Gründe für die Bezeichnung waren bestimmt unterschiedliche. Ich selbst nahm das Team bisher als sehr heterogen wahr aufgrund der unterschiedlichen Charaktere, der Altersspanne, der Zugehörigkeit zum Unternehmen, unterschiedlicher kultureller und sprachlicher Hintergründe, sowie der Tatsache, dass das Team von verschiedenen Städten aus arbeitete. Mir war bekannt, dass jemand für die Teamleitung gesucht wurde, nachdem ich jedoch selbst gut ausgelastet war mit der Leitung meines Projekts, hatte ich bisher nicht ernsthaft darüber nachgedacht, das Team zu übernehmen. Eines Morgens auf dem Weg ins Büro dachte ich erneut an dieses Team und die derzeitige Situation. Und da stieg eine Überlegung in mir hoch: «Würde ich die Leitung dieses Teams übernehmen, würde ich sehr gerne herausfinden wollen, ob es tatsächlich so «schwierig» ist, wie einige behaupten!» Der Gedanke überraschte mich, und ich bekam plötzlich Lust darauf, dieses Team zu leiten, da mich neue Herausforderungen schon immer begeistert haben. Neugier und Vorfreude machten sich in mir breit. Und wie es der Zufall so wollte, hatte ich an diesem Tag ein Gespräch mit dem zuständigen Abteilungsleiter und er fragte mich um Rat, ob ich jemanden Geeigneten wüsste, der die Teamleitung übernehmen könnte. Wir diskutierten verschiedene Optionen, und am Ende des Gesprächs brachte ich mich

---

[1] Anmerkung: bezugnehmend auf meine Definition von einem Team, war es in diesem Fall eher eine Gruppe bestehend aus drei Teams. Allerdings gab es gemeinsame, übergreifende Ziele, die es zu erreichen galt.

selbst als mögliche Teamleiterin ins Spiel. Ich meinte, dass ich mir vorstellen könnte, das Team zu leiten, aufgrund meiner momentanen Rolle als Projektleiterin, jedoch realistisch gesehen das Team nur temporär leiten könnte – für die nächsten 3–5 Monate, bis eine langfristige Nachbesetzung gesichert worden wäre. Eine große Erleichterung des Abteilungsleiters war spürbar und so trafen wir in den darauffolgenden Tagen schnell zu einem Übereinkommen.

Nun, wie wollte ich die Teamleitung starten? Womit wollte ich beginnen? Das Team stand vor der Herausforderung verschiedenste, teilweise sehr spezielle Kundenanforderungen aus diversen Regionen des Landes umzusetzen und arbeitete von drei unterschiedlichen Standorten aus. Bekannt war, dass die Größe des Teams, die sprachlichen Hintergründe und die dezentrale Zusammenarbeit, die Kommunikation und einen stetigen Informationsfluss im Team erschwerten.

Nach der offiziellen Kommunikation innerhalb des Unternehmens zur Übernahme der Teamleitung und einer Einführung durch den zuständigen Abteilungsleiter, war es mir ein Bedürfnis, mit jedem Teammitglied einzeln ein Gespräch zu führen. Ich wollte jede Person im Team näher kennenlernen. Es war mir sehr wichtig, konkrete Bedürfnisse, derzeitige Herausforderungen und individuelle Stärken, d. h. Superpowers, zu erfahren. Dafür entwarf ich einen kurzen Steckbrief und erklärte beim nächsten wöchentlichen Teammeeting die Vorgehensweise, Struktur und meine Intention dazu. Wir klärten in der Runde verschiedene Fragen dazu und ich spürte Unsicherheit, Überraschung und auch Freude im Raum. Unsicherheit im Hinblick auf: «Was will die von uns?» und Überraschung und Freude im Sinne von «Da hat jemand Interesse an uns!».

Die wichtigsten Eckpunkte des Steckbriefs sahen in etwa so aus:

- Aktuelle Rolle & Verantwortungsbereich
- Expertise
- Stärken
- Fachliche Interessen

Jede Person bereitete nun einen eigenen Steckbrief vor und wir vereinbarten Einzelgespräche. Manche der Teammitglieder hatten ihren

Steckbrief zusätzlich zu den Inhalten und der vorgegebenen Struktur auch noch sehr kreativ gestaltet – z. B. mit einem eigenen Foto oder dem Bild eines Avatars. Daran konnte ich erkennen, dass einige auch Spaß daran hatten, diesen auszufüllen.

Die Gespräche dauerten zwischen 30 und 50 Minuten und verliefen alle sehr positiv. Bei den fachlichen Interessen war es mir wichtig, die Wünsche herauszufinden, wohin sie sich gerne fachlich weiterentwickeln wollten. Innerhalb kürzester Zeit hatte ich einen konkreten Einblick in die Wahrnehmung ihrer jeweiligen Rollen, wo sie ihre Stärken sahen und wofür sie sich fachlich am meisten interessierten und sich dahingehend weiter vertiefen wollten. Auch verschafften mir diese Gespräche einen guten Überblick über den Verantwortungsbereich des gesamten Teams – d. h. einen konkreten Status zu den Aufgaben sowie einen Ausblick, wohin sich jede:r aufgrund der eigenen Interessen weiterentwickeln wollte (und darunter waren auch Aussagen wie «Ich bin mit meinem derzeitigen Verantwortungsbereich zufrieden und möchte das auch weiterhin machen.»). Von meiner Seite aus gab ich in den Gesprächen einen Einblick zu meinen Kompetenzen und meinem Erfahrungsschatz, zu Aspekten, die mir wichtig waren in der Teamleitung, und wie es nun weitergehen würde für die nächsten 3–5 Monate, also während meiner temporären Rolle als ihre Teamleiterin.

Warum bin ich so vorgegangen? Was ist der Nutzen in der gewählten Vorgehensweise für alle Beteiligten?

Ich öffnete den Raum für jede:n einzelne:n und wollte jeder Person die Möglichkeit geben in einem sicheren Rahmen die Punkte aus ihrem Steckbrief individuell zu präsentieren. Nachdem das Team sehr heterogen war, war dies für mich die geeignetere Vorgehensweise für den Start, denn so kam jede:r zu Wort und bekam ausreichend Zeit im Rahmen eines ersten Gesprächs. Auch war es mir sehr wichtig, ihnen die Möglichkeit zu geben, Fragen an mich zu stellen – sei es zu meiner Rolle, meiner Person, den weiteren Schritten, was das Team betraf, oder aktuellen Entwicklungen im Unternehmen insgesamt. Ich nahm bei jedem der Gespräche wahr, dass die Teammitglieder dies sehr schätzten und einige brachten dies auch zum Ausdruck. **Bevor** wir über zu erreichende Ziele, momentane Herausforderungen mit einem Kunden oder aktuelle Zahlen zu offenen Kundenanfragen sprachen, war meine Priorität 1 die

Menschen kennenzulernen. Natürlich lief das Tagesgeschäft parallel weiter und kam deswegen nicht ins Stocken. Mein Fokus und Augenmerk waren und sind in meiner Arbeit auf den Menschen gerichtet, mit dem ich zusammenarbeite.

> Das Interesse am Menschen und eine menschliche Nähe herzustellen, stehen für mich immer an oberster Stelle. Und dies hat sich in meinen bisherigen Erfahrungen auch stets als wesentliche Grundlage und Erfolgsfaktor herausgestellt, um ein Team dafür zu öffnen, mitgestalten zu wollen, in eine freudvolle Zusammenarbeit zu finden und den Team Spirit zu aktivieren. Einem Team Klarheit und Orientierung zu geben, ist für mich als Führungskraft oberste Prämisse.

Basierend auf diesen Erstgesprächen erlebte ich, wie sich die Teammitglieder Schritt für Schritt von sich aus einbrachten mit verschiedensten Ideen, neuen möglichen Abstimmungsprozessen im Team oder Lösungsvorschlägen für aktuelle Kundenanfragen. Durch diese Vorgehensweise kamen neuer Schwung und frischer Wind ins Team. Eingefahrene, veraltete Strukturen begannen sich aufzulösen und das Team fand den Weg heraus aus dem alten Fahrwasser. Ich hatte ein Arbeitsklima geschaffen, in dem die Mitarbeitenden ihre Ideen und Gedanken einbringen konnten. Und wenn sich jemand im Team nicht traute, dies in unserem regelmäßigen Teammeeting zu tun, dann kamen die Teammitglieder individuell auf mich zu. Und ich nahm mir immer dafür Zeit. Egal wie eng getaktet mein Tag war, ich fand stets eine Möglichkeit für ein kurzes Gespräch.

Und was war mein Fazit zu der Aussage von manchen Personen im Unternehmen, dieses Team sei «schwierig»? Schon nach 2–3 Wochen war für mich klar: «Es macht mir richtig Spaß und Freude dieses Team zu leiten! Es gibt hier überhaupt niemanden im Team, der «schwierig» ist. Alle wollen auf ihre individuelle Art und Weise mitgestalten und bringen sich ein. Ich bin froh, dass ich diese Herausforderung angenommen habe!»

Ein tiefes Bedürfnis jedes Menschen ist es, geachtet und gesehen zu werden. Erfülle dieses Bedürfnis, und nicht nur du, sondern wenn alle im Team dies im Blick behalten, entfesselt ihr gemeinsam den Gestaltungswillen und die Gestaltungsfreude. Dadurch wird das Team zum Team. Und ihr werdet als Team in ungeahnte Höhen aufsteigen, was eure Zusammenarbeit, euren Zusammenhalt, euren Team Spirit und eure Ergebnisse betrifft!

Gestaltungsfreude

> **Reflexion: Freude**
>
> Gerne möchte ich dich an dieser Stelle zu einer kurzen Reflexion einladen. Halte einen Augenblick inne und frage dich:
> - Was würde dir in deinem momentanen Arbeitsumfeld die größte Freude bereiten?
> - Was würde deinem Team die größte Freude bereiten? Wie könntest du jetzt die Gestaltungsfreude in deinem Team entfachen?
>
> Und was auch immer hochkommt, handle danach! Du kannst nicht falsch liegen. Lasse die Freude dein Wegweiser sein, wie du z. B. dein Team aktivierst in einer Phase geprägt von hoher Arbeitslast, Frustration oder Unsicherheit, wie du wieder Freude und Leichtigkeit ins Team bringst, oder wie du neue Denkräume öffnen kannst: Was würde euch jetzt die größte Freude bereiten?

Literatur

New Insight (2015) Redebeitrag «The Smell of the Place» von Professor Sumantra Ghoshal am Weltwirtschaftsforum 1995 in Davos, https://www.youtube.com/watch?v=YgrD7yJwxAM. Zugegriffen: 30. Jan 2024

5

Selbstverantwortung = Superpowers

Zusammenfassung Das Aktivieren der Selbstverantwortung im Team ist eine der Hauptbestrebungen vieler Führungskräfte. Du erfährst den wahren Grund, warum Teammitglieder meist Schwierigkeiten haben, Verantwortung zu übernehmen und, wie du das ändern kannst. Anhand einfacher Schritte beschreibe ich die Schubkraft, die freigesetzt wird, wenn in einem Team die Superpowers aller zum Einsatz kommen und dadurch Selbstverantwortung automatisch gelebt wird. So kannst du selbstverantwortliches Handeln im Team nicht nur kurzfristig, sondern auch langfristig sicherstellen. Ich beschreibe die zugrunde liegende Haltung der Führungskraft, die dafür die Basis schafft.

Scheint es dir manchmal ein Ding der Unmöglichkeit zu sein, deinen Teammitgliedern Selbstverantwortung „schmackhaft" zu machen? Möchtest du raus aus dem Fahrwasser von starren Grenzen, Frustration und Gleichgültigkeit im Team? Ich zeige dir eine einfache Methode, wie du die Selbstverantwortung jeder einzelnen Person im Team aktivieren kannst. Meines Erachtens ist der wahre Grund, warum Teammitglieder keine Verantwortung übernehmen wollen, fehlender Freiraum. Habe Vertrauen in das Feld der Selbstverantwortung deines Teams! Tappe nicht in die Falle aufgrund von Übereifer oder aus anderen Gründen, Verantwortung für die anderen übernehmen zu wollen. Dieses Verhalten habe ich immer wieder bei Führungskräften und auch bei mir selbst in meiner Führungsrolle beobachtet. Mein Rat lautet daher: betrete nicht das Feld der Selbstverantwortung deiner Teammitglieder. Gestehe ihnen zu, diesen Raum für sich selbst einzunehmen und zu gestalten. Bleibe bei dir, in deiner Rolle und in deiner Verantwortung. Meine Erfahrung hat mir gezeigt: wenn Mitarbeitende einen Entfaltungs- und Gestaltungsspielraum bekommen, wird dadurch die Selbstverantwortung aktiviert und die Umsetzungskraft im Team freigesetzt. Mit drei kraftvollen Schritten gelingt dir der Übergang in ein selbstverantwortliches Handeln. Mit dem wunderbaren „Tool" des Fragenstellens, das ich bereits in vorhergehenden Kapiteln erwähnt habe, und drei kraftvollen Schritten, kannst du damit deine Teammitglieder und ihre Selbstverantwortung aktivieren:

- Schritt 1: Was willst du tun und umsetzen mit dem, wofür du hier vorgesehen bist?
- Schritt 2: Wie können wir dich als Team dabei unterstützen?
- Schritt 3: Wo stehen wir jetzt?

Ein Beispiel: Ein Mitarbeiter wurde dem Projekt, das du leitest, bereits zugewiesen. Mit seiner Vorgesetzten wurden seine Verfügbarkeiten und seine Funktion für das Projekt definiert. Nun geht es für dich in der Rolle als Projektleiter:in darum, mit diesem neuen Teammitglied folgende Aspekte zu klären.

> **Wichtig: Durch Fragen die Selbstverantwortung aktivieren**
> Verwende für den ersten Schritt folgende aktivierende Fragen:
> - Was willst du tun, damit das Projekt richtig gut gelingt?
> - Wie wirst du dich einbringen?
> - Worauf wirst du achten?
> - Was ist dein Fokus im Projekt?
> - Wie trägst du dazu bei, dass das Projekt ein Erfolg wird?
> - Wie willst du deinen Aufgabenbereich bzw. deine Rolle im Projekt angehen?
> - Und wie können wir dich als Team dabei unterstützen?

Dieser Abgleich zwischen euch beiden ist wie ein Pre-Briefing. Und dieses Pre-Briefing führst du mit jedem Teammitglied in einem Einzelgespräch durch. Anschließend tauscht ihr euch zu diesen Fragen auch in der Gemeinschaft im Team aus. So wird jede:r einzeln gehört und jede:r hört das auch von allen anderen in der gemeinsamen Runde.

Und dadurch wird allen im Team bewusst und offenbart, welche Talente, welche Superpowers, hier bereits mit im Spiel sind. Wenn alle im Team das voneinander hören, wird schon zu Projektbeginn das Feld der Selbstverantwortung kreiert und aktiviert von: „Hey wir haben da ja schon ganz viele Stärken mit im Spiel! Es gibt eigentlich gar keine Schwachen unter uns!".

Durch das Fragen wird klar: jeder hat hier so etwas Wichtiges, etwas Goldenes[1], einen Schatz einzubringen, und niemand ist hier dumm, inkompetent oder schwach!

Das kreiert dieses Feld von: Wir sind stark! Das ist die natürliche Kraft, die in jedem Menschen bereits schlummert und durch Fragen aktiviert wird. Und wenn jede:r in einer Team-Besprechung danach gefragt wird, potenziert das nochmals die Kraft in der Runde. Dadurch weckst du die Selbstverantwortung, kitzelst sie hervor und forderst sie ein. So belebst du die natürliche Kraft im Team. Und das gelingt durch das Stellen von Fragen!

Vorher war jedes Teammitglied einzeln bereits da mit all seinen Stärken. Aber wenn diese Stärken nicht abgerufen werden, wenn sie nicht angesprochen werden, dann ist es so, als würden sie vergessen werden. Im zweiten Schritt wird eine unglaubliche Kraft im Team freigesetzt, wenn eine Führungskraft all diese Superpowers, d. h. Gaben, Talente und Stärken, von jeder einzelnen Person in einer gemeinsamen Runde anspricht, indem sie danach fragt: «Was bringst du mit als Stärken?» – und ergänzt: «Und ich sehe noch diese und jene Stärke in dir!» – und dann jede:r in der Runde noch etwas hinzufügt und vervollständigt. Sobald ihr miteinander geteilt habt, was jede:r einbringen wird und

---

[1] Siehe auch Kapitel „Golden Rules für dich und dein Team".

worauf jede:r achten wird, damit das Projekt ein Erfolg wird, klärt ihr ab, wie ihr euch gegenseitig dabei unterstützen könnt. So schafft ihr die Basis für den Zusammenhalt im Team und weckt euren Team Spirit. Während des weiteren Projektverlaufs reflektiert ihr in einem dritten Schritt[2], und das nicht nur ein einziges Mal, sondern in regelmäßigen Abständen, um Klarheit über den Status der Projektarbeiten zu bekommen: Wo stehen wir jetzt? Wie seid ihr individuell vorgegangen und wie als Team? Wie sehr seid ihr mit dem momentanen Status zufrieden und wo hätte es noch besser laufen können?

Auf diese Weise regst du die Teammitglieder dazu an, ihr Vorgehen und ihre Ergebnisse selbst zu reflektieren auf eine stärkende, nach vorwärts gerichtete Art. Gleichzeitig wird dadurch erneut die Selbstverantwortung aller im Team geweckt. **In den Fragen liegt eine Aktivierung des stärksten Potenzials aller Teammitglieder!**

> Wenn die Superpowers im Team nicht angesprochen werden, dann ist es so, als würden die Stärken, die in jedem Menschen schlummern, von ihm selbst vergessen werden, und von der Führungskraft und allen anderen auch. Das heißt, die Stärken jeder einzelnen Person werden vergessen, wenn sie nicht angesprochen und ausgetauscht werden. Und dadurch wird mehr und mehr ein Feld der Schwäche im Unternehmen und im Projekt kreiert.

Die vorrangige Aufgabe einer Führungskraft ist es, die Stärken anhand dieser Fragen, siehe oben, immer wieder anzusprechen. So wird die Selbstverantwortung belebt und damit die Bewusstheit und der Fokus jedes Teammitglieds auf seine Stärken und auf seinen Gestaltungswillen aktiviert. Genauso wird dies im Team immer deutlicher sichtbar. **Die Stärken werden gestärkt dadurch, dass sie besprochen werden!**

Das ist in etwa so wie im Liebesleben. Wenn du in einer langjährigen Partnerschaft lebst und du hast vielleicht einmal vor 15 Jahren gesagt: „Ich liebe dich". Aber danach in all den 15 Jahren hast du das nicht mehr geäußert. Dann ist das in etwa so: keiner ist sich mehr sicher, ob

---

[2] Mehr dazu im Kapitel „Feiern und Reflektieren".

5 Selbstverantwortung = Superpowers 53

da wirklich noch Liebe im Spiel ist? Obwohl sie vielleicht an sich da wäre. Aber wenn du es nicht aussprichst, was du an deiner Partnerin oder an deinem Partner liebst und wie sehr sie oder er dich entzückt und beglückt, geht es in Vergessenheit. Und umgekehrt: wenn dein Partner oder deine Partnerin das nicht immer wieder anspricht, dann ist es so, als ob die Liebe immer mehr geschwächt und abgeschwächt würde. Dabei ist sie an sich da!

Und genauso ist es in deinem Team auch mit den Stärken jedes einzelnen! Ich sehe es als eine **„heilige Pflicht"**, wenn du ein erfülltes Miteinander im Team erschaffen willst (und in der Partnerschaft ist es nicht anders) und ihr gemeinsam Spitzenleistungen erzielen wollt, gehört es dazu, die schönen Dinge auch anzusprechen! Wir glauben oft, wir müssten uns ausschließlich auf die sachlichen Dinge konzentrieren und Inhalte, zu erledigende Aufgaben und Ergebnisse besprechen. Aber die schönsten Dinge, d. h. das Ansprechen der Stärken im Team, tragen häufig so sehr zur Sache bei. Denn wenn man sie vergisst, dann schrumpft die Sache, das Ergebnis, das Miteinander und der Teamgeist mehr und mehr. Es wird eben Mittelmaß daraus.

Nun, wie kann dir der Shift im Team gelingen? Indem du durch das Stellen von Fragen das Feld der Stärken im Team aktivierst. Und ich nenne unsere Stärken gerne unsere «Superpowers». Denn in jedem von uns steckt ein Superheld oder eine Superheldin. Davon bin ich überzeugt! Und eine Vielzahl von Superpowers ist in jedem von uns bereits verankert. Auch birgt dieser Begriff etwas Spielerisches und Außergewöhnliches in sich und das lockert unsere Arbeitsumfelder auf und bringt uns in ein neues, freudvolles und kraftvolles Fahrwasser.

So kannst du die Veränderung in deinem Team bewirken: durch das Aktivieren der Selbstverantwortung, indem ihr eure Superpowers sichtbar macht! Das kannst du mit jedem Team erreichen. Denn diese Aktivierung, d. h. das Freisetzen der natürlichen Kräfte im Team, geht von dir aus, nicht vom Team. So ermöglichst du Co-Kreation im Team, indem jede:r 100 % Selbstverantwortung für das eigene Handeln und Gestalten übernimmt und ihr alle eure Superpowers bündelt, um Spitzenleistungen zu erzielen.

> Die Superpowers und die Selbstverantwortung im Team werden dadurch gestärkt, dass sie besprochen werden. Regelmäßig!

In jedem Team und in jedem Menschen schlummern diese natürlichen Kräfte und mit deinen Fragen belebst du sie, weckst sie und lockst du diese Superpowers hervor. Du rüttelst sie damit wach. Wenn du damit beginnst und dich traust mit deinem Team so zu arbeiten, dann kommt vielleicht von Kolleg:innen die Frage: „Was ist denn mit dir los? Warst du auf einem Seminar?". Falls dir morgen jemand diese Frage stellt, sei nicht überrascht.

Und ganz wichtig: Bleibe dabei! Nicht, dass es eine Eintagsfliege war. Es braucht Stringenz und Kontinuität. **Diese Haltung ist etwas, was dauerhaft in der Führungskraft gelebt werden will!** Um dies zu verdeutlichen, tauchen wir erneut ein in die Welt des Sports. Stelle dir vor, ein Trainer sitzt mit seiner Spitzen-Mannschaft im Mannschaftsraum. Er hatte einen ganz besonders guten Tag und glaubt an die Mannschaft und an jeden einzelnen. Er sieht in jedem das Potenzial und die Stärken, die jeder mitbringt – auch in einem, der vielleicht in letzter Zeit etwas zurückgefallen ist. Der Trainer ist an diesem Tag sehr positiv gestimmt und traut jedem nur das Beste zu und wertschätzt und würdigt das. Und die Mannschaft ist erfreut und verwundert: «Das ist ja toll, aber erstaunlich und ungewohnt für uns, dass unser Trainer heute so mit uns spricht!» Wenn der Trainer am nächsten Tag in sich zusammenfällt und zurückfällt in ein Muster von «Larifari-Gejammer», was passiert dann mit der Mannschaft?

> **Wichtig: Die Haltung der Führungskraft**
> Es liegt auf der Hand. Es ist etwas, was dauerhaft in dir gelebt werden will!
> Denn, wenn der Trainer einmal gut drauf ist und die Stärken aller hervorhebt, ist die Champions League noch lange nicht gewonnen!
> Das Team ist wie ein Spiegel: für deine Stimmung und deine Haltung.
> Es geht nicht darum: «Du bist schlechter oder besser als dein Team.» Sondern: «Wie können wir uns begegnen, damit es gemeinsam am besten gelingt?» Und das braucht Konsistenz in der Haltung der Führungskraft.

Dieser Ansatz ist auch bekannt aus der Positiven Psychologie und bestätigt: Es ist so wichtig, Menschen aufzuzeigen, welche positiven Eigenschaften und Stärken sie haben. Wenn wir unsere Stärken in unserem Arbeitsumfeld nicht einsetzen können, führt dies zu großer Frustration und dazu, dass wir uns dadurch inkompetent fühlen, weil wir unsere Stärken nicht zum Einsatz bringen können. Deswegen ist es so wichtig die Stärken im Team anzusprechen, sichtbar zu machen und immer wieder zu stärken, indem ihr diese regelmäßig besprecht, reflektiert und erweitert. Und dadurch kommt jede:r einzelne und ihr als Team in eure Selbstverantwortung!

Selbstverantwortung ist auch DIE Grundvoraussetzung für das Arbeiten mit agilen Methoden[3]. Wenn Teammitglieder für ihren Aufgabenbereich keine Verantwortung übernehmen, dann ist auch das agile Arbeiten obsolet, denn es braucht die dazugehörige innere Haltung dazu. In der Praxis erlebe ich es oft anders. Ein Team, eine Abteilung, ein Unternehmen lässt verlautbaren: «Wir arbeiten jetzt agil!» und niemand prüft, ob die Voraussetzungen dafür gegeben sind, oder wie diese geschaffen werden können. Meine Erfahrung mit agilen Arbeitsweisen würde ein separates Buch füllen. Ich wollte diesen Aspekt der Selbstverantwortung in Zusammenhang mit agilen Methoden kurz erwähnen, da diese Arbeitsweisen so populär geworden sind.

5.1 Die Macht der Superpowers

Deine wichtigste Superpower? Menschsein. So sehr alles nach technologischem Fortschritt strebt, künstliche Intelligenz, Digitalisierung oder Automatisierung können das Menschsein nicht ersetzen. Unsere Menschlichkeit ist ein kostbares Gut und unsere größte Superpower! Jene essenziellen, menschlichen Superkräfte, die es in der Berufswelt meines Erachtens noch mehr braucht, sind: Empathie, Achtsamkeit, Mitgefühl, Respekt, Wertschätzung. Je bewusster ich mir meiner eige-

---

[3] Einen guten Einblick gibt zum Beispiel Wintersteiger (2018).

nen Superpowers bin und diese einsetze, desto mehr komme ich in ein selbstverantwortliches Handeln. Wenn es darum geht im Leben selbstverantwortlich zu agieren, stärkt mich eines ganz klar: „Ich weiß, wer ich bin, was meine Stärken sind und was mich insgesamt als Mensch ausmacht." Dadurch ermächtigen wir uns selbst, unser Leben in die Hand zu nehmen und in Co-Kreation mit unseren Mitmenschen die Berufswelt zu gestalten.

Es gibt unzählige Superkräfte in uns, die wir «automatisch» in unserem Alltag einsetzen und selten selbst als etwas Besonderes erachten. Doch unser Umfeld schätzt zum Beispiel unsere Superpower «Umsicht» oder unsere Superpower «Einfühlungsvermögen» sehr, wenn auch «nur» implizit. Eventuell wirst du dafür nicht ausdrücklich gelobt bzw. deine Stärken nicht explizit angesprochen, aber deine Kolleg:innen und Vorgesetzten denken sich womöglich oft: «Ich bin so froh, dass Kollegin M. stets Klarheit in Diskussionen mit einbringt.»

Auch habe ich es schon oft erlebt, dass, nachdem ein Kollege oder eine Kollegin das Unternehmen verlassen hatte, das Fehlen dieser Superpowers plötzlich stark sichtbar wurde und die Kollegenschaft und Vorgesetzten immer wieder das Fehlen dieser bestimmten Qualitäten vermissten: «Wir vermissen den Humor von Kollegin A. Das hat unsere Besprechungen aufgelockert und frischen Wind eingebracht!» Oder: «Die Sorgfalt und Umsicht von Kollege P. fehlt sehr in unserem Team!»

Ist das nicht unglaublich schade? Erst dann Superpowers anzusprechen, wenn sie nicht mehr da sind? Es zu verpassen, die Stärken und Qualitäten der Teammitglieder inklusive deiner eigenen in regelmäßigen Abständen hervorzuheben und dadurch immer wieder neu zu aktivieren?

Ich behaupte: Hier wird unglaubliches Potenzial „auf der Straße liegen gelassen". Und solche Situationen gibt es leider häufig im Berufsleben. Wie ist deine Sichtweise dazu?

Reflexion: Superpowers

Wie kannst du das Potenzial eurer Superpowers im Team nicht brach liegen lassen, sondern aktivieren und zum Leben erwecken? Reflektiere erst einmal für dich selbst folgende Aspekte. Am besten machst du dir ein paar Notizen zu deinen Erkenntnissen.

5 Selbstverantwortung = Superpowers

Reflexionsfragen zu deinen Superkräften und jenen deines Teams:
- Was sind deine Superpowers? Welche Superpowers stecken in dir?
- Wo siehst du diese verankert? Bist du dir deiner Superpowers bewusst? Ist es vielleicht deine Kreativität? Deine Klarheit? Dein visionärer Blick? Oder deine Umsetzungskraft?
- Welche Superpowers haben dir schon oft in schwierigen Situationen geholfen?
- Und wo siehst du die Superpowers deiner Teammitglieder und deines Teams insgesamt?

Du wirst staunen, was du bei dieser kurzen Reflexion alles an Stärken in dir und in deinem Team entdecken wirst. Falls du dir momentan mit deinem eigenen Team ein bisschen schwertust, weil du dir vielleicht denkst: «Mein derzeitiges Team ist nicht gerade der „Brüller" bzw. die Spitzen-Mannschaft.» Oder du arbeitest derzeit nicht in einem Team? Dann frage dich: Wo siehst du die Superpowers deines Lieblingsteams, in dem du einmal gearbeitet hast? Denke einfach an ein Spitzen-Team, das du einmal hattest!

Und wie fühlst du dich nun nach diesem kurzen Innehalten und dem Besinnen auf deine Superpowers und jenen deines Teams? Wie fühlst du dich jetzt, nachdem du deine Stärken auf diese Weise reflektiert hast? Hat dir diese Reflexion eine gewisse Leichtigkeit, Klarheit, Begeisterung und die Lust auf Zusammenarbeit beschert?

Wenn du diese Reflexion im Anschluss auch mit deinem Team durchführst, frage in die Runde: «Wie geht es euch jetzt nach der Reflexion unserer Superpowers? Wie hat sich die Stimmung und Atmosphäre im Raum verändert? Wie fühlt ihr euch nun, nachdem wir ein Augenmerk auf unsere Stärken gelegt haben?»

Damit erschaffst du ein Feld der Begeisterung und Klarheit. Diesen Zauber und diese Magie kannst du auch wecken, wenn du mit einem „schwierigen" oder „Trödel"-Team zu tun hast, wo du sagst: „Naja das ist jetzt Mittelmaß. Die muss ich da jetzt durchheben und mühsam motivieren, damit wir irgendwie das Ergebnis zusammenbekommen..." Die Magie kannst du auch in so einem Team mit diesen ganz einfachen Fragen wecken. So kann dir der Shift gelingen!

Abb. 5.1 Superpowers im Team teilen. (Mit freundlicher Genehmigung von © Tamedia AG [2024]. All Rights Reserved)

5.2 Selbstverantwortung im Team

Gerne möchte ich dir nun von ein paar Beispielen erzählen, wie ich die Superpowers in meinen Teams aktiviert habe, die ich geleitet habe. Vielleicht bekommst du dadurch neue Impulse für dein eigenes Team und deine Vorgehensweise, die du wählen möchtest, um das Feld der Superpowers und dadurch das Feld der Selbstverantwortung in deinem Team zu aktivieren.

Zum Beispiel hatte ich mit einem meiner Projektteams damit begonnen, während der Umsetzungsphase unseres Projekts gemeinsam unsere Superpowers zu reflektieren. In einem ersten Schritt forderte ich jedes Teammitglied dazu auf, für sich zu reflektieren, welche Superpower sie oder er in das Team einbringt und ein Symbol dafür zu wählen. Bei unserem „Team Time-Out" tauschten wir unsere Erkenntnisse dazu aus. Da kam zum Beispiel die Superpower „Kreativität" zum Vorschein, symbolisiert mit bunten Stiften, oder die Superpower „Kollegialität", symbolisiert durch ein Bild von Robin Hood, die Superpower „Diplomatie und Vermitteln zwischen Business und IT", symbolisiert durch ein Wörterbuch, oder die Superpower „Ruhe und Kraft", symbolisiert durch ein keltisches Symbol. Einerseits weckte es die Neugier jedes Teammitglieds, wer den welche Superpower „mitgebracht" hatte. Andererseits hatten wir großen Spaß während des Austauschs und dem Betrachten der unterschiedlichen Symbole unserer Superpowers. Ich machte ein Foto, siehe Abb. 5.1 Superpowers im Team teilen, von all unseren Superpowers, die da versammelt waren durch die unterschiedlichen Symbole. Im Anschluss hängte ich unter anderem einen Ausdruck von diesem Bild in unser Großraumbüro, wo wir alle zusammensaßen, und fügte das Bild auch in unsere Projektstatus-Präsentation ein, die wir alle 2 Wochen verwendeten, um uns regelmäßig an unsere Superkräfte zu erinnern.

In allen weiteren Planungs- und Teamworkshops verwendeten wir dieses Bild und entwickelten es gemeinsam weiter. Bei einem Mal nahmen wir uns zum Beispiel rund 15–30 min Zeit und jede:r reflektierte kurz für sich, welche Superpowers sie oder er in jedem/jeder der anderen Teamkolleg:innen sah. Wieder stieg die Spannung und alle waren neugierig auf die Ergebnisse. Reihum bekam nun jedes Teammitglied von allen Anwesenden Superpowers „verliehen". Wir verwendeten dafür eine Pinnwand, in der Mitte hing das Bild von unseren initialen Superpowers und alle weiteren Superpowers wurden nun auf Klebezetteln auf der Pinnwand hinzugefügt. Da kamen unter anderem Superpowers mit ins Spiel wie Fairness, Durchsetzungskraft, Freude, Humor, Genauigkeit, Klarheit, kritisches Hinterfragen oder Gelassenheit. Jedes Teammitglied, das an der Reihe war und von den anderen Superpowers „verliehen" bekam, wurde froher und beschwingter und wuchs sichtlich auf seinem Sessel in die Höhe. Die Atmosphäre im Raum wurde leichter und gelöst. Wir lachten viel und freuten uns sehr über die vielen Superpowers, die wir verteilen durften und zugeteilt bekamen. Es gab auch einige überraschende Momente, in welchen eine Kollegin oder ein Kollege erfreut fragte: „Wow, diese Superpower seht ihr in mir?!" Jeder von uns wurde reich beschenkt und die Pinnwand war voller „neuer"

Abb. 5.2 Superpowers regelmäßig ansprechen. (Mit freundlicher Genehmigung von © Tamedia AG [2024]. All Rights Reserved)

Superpowers, die in unserem Team bereits vorhanden waren. Was für ein tolles und bereicherndes Bild wir gemeinsam kreiert hatten! In der Abb. 5.2 Superpowers regelmäßig ansprechen siehst du ein Beispiel davon.

Im Anschluss nach diesem kurzen Austausch, gingen wir über in den Abgleich von zukünftigen Meilensteinen, dem aktuellen Status des Projekts und möglichen Engpässen von Zeit und Ressourcen. Wir führten also einen Projektcontrolling-Workshop durch, wie du es vielleicht aus der Welt des Projektmanagements kennst, und ich fügte diesen ersten Agenda-Punkt hinzu. Den inhaltlichen Austausch hätten wir so oder so gemacht, da wir diesen regelmäßig durchführten. Durch das Reflektieren unserer Superkräfte gingen wir nun noch motivierter und beschwingter an die Arbeit. Je näher das erste GoLive Datum in unserem Projekt kam, umso wichtiger wurden unsere Planungs- und Teamworkshops.

Du wirst dies womöglich aus deinen Projekten und aus deiner Zusammenarbeit in Teams kennen: ein regelmäßiger Abgleich von Terminen und Umsetzungsstatus ist unerlässlich für die Zusammenarbeit hin zu gemeinsamen Ergebnissen. Dadurch, dass ich mit meinem Team zuvor erneut unsere Superpowers reflektiert hatte, war eine Atmosphäre von Leichtigkeit, Optimismus und Freude entstanden. Wir diskutierten hochkonzentriert den Projektstatus und zu klärende Punkte und waren durch den Austausch zuvor umso mehr „committet" als geeintes Team den GoLive pünktlich und erfolgreich durchzuführen. Am Ende eines solchen Workshops meinte eines der Teammitglieder voller Freude und Staunen: „Das hat jetzt richtig Spaß gemacht. Danke Caroline, so etwas haben wir noch nie gemacht!"

Möchtest du wissen wie unser GoLive verlief? Wie ich es bei vielen solch wichtiger Umsetzungszeitpunkten in Projekten bisher erlebt hatte, ging auch dieser GoLive nicht völlig reibungslos über die Bühne. Es kamen in letzter Minute potenzielle „Showstopper" als Anforderungen von Kundenseite, Probleme beim Ablauf neuer Arbeitsprozesse und kritische Fehler auf, die wir so rasch wie möglich, d. h. „über Nacht", lösen mussten. Wie du dir vorstellen kannst, waren wir alle in den ersten 2–3 Wochen extrem gefordert, um alles stabil zu halten – also technische Systeme, Prozessabläufe, Kommunikationskanäle und die Zusammenarbeit im Team mit dem Kunden. Was uns hier getragen hat, war unser unerschütterlicher Team Spirit. Ich staune selbst über uns als Team, wie lösungsorientiert, optimistisch und zielgerichtet wir waren und blieben – selbst in den kritischsten Situationen. Das regelmäßige Sichtbarmachen und Stärken unserer Superpowers während des Projektverlaufs hindurch, hatte diesen Team Spirit aktiviert und etabliert. Unser Zusammenhalt war so stark, dass uns nichts in der Tiefe erschüttern konnte.

Was meine ich damit? In kritischsten Situationen fielen wir nicht, wie ich es bereits in anderen Projekten erlebt hatte, in gegenseitige Schuldzuweisungen, Streitgespräche oder Rückzug auf starre Positionen und Verweigerung von Verantwortungsübernahme. Wir halfen uns gegenseitig, wo wir konnten, und keine:r ging an einem Tag nach Hause ohne sich versichert zu haben, dass wir wussten, wie es am nächsten Tag weiterging und wer sich um welches Thema kümmern würde. Ich bin unglaublich dankbar für diese eindrucksvolle Erfahrung und für jede:n einzelne:n, der Teil dieses Teams war.

Mittlerweile verwende ich die Arbeit mit Superpowers auch in meinen Coachingsitzungen und Trainings und mache sehr gute Erfahrungen damit. Meine Klient:innen und Teilnehmenden in den Trainings blühen auf und eine Atmosphäre von Freude und Leichtigkeit entsteht. Wenn du nun auf den Geschmack gekommen bist und du für dich noch tiefer in das Feld der Selbstverantwortung und Selbstermächtigung eintauchen möchtest, dann empfehle ich dir das folgende Kapitel. Traust du dich die Welt der Spiritualität in einem kurzen Exkurs zu entdecken?

5.3 Ein Ausflug in die Erforschung deines Seins-Feldes

Wenn es darum geht im Leben selbstverantwortlich zu agieren, stärkt mich eines ganz klar: „Ich weiß, wer ich bin, was meine Stärken sind und was mich insgesamt als Mensch ausmacht." Wenn du das für dich weißt, in dir spürst und voll und ganz lebst, indem du für dich einstehst, dann hast du eine sehr große Klarheit für dich gefunden. Auf diese Weise ist es dir möglich, dein Leben zu meistern und deinen Weg zu gehen, denn du hörst in dich hinein, vertraust deiner inneren Wahrheit und folgst deinen Impulsen.

Und das „Ich weiß, wer ich bin und was mich ausmacht" bezeichne ich als „Seins-Feld". Hier nehmen wir nun eine Abzweigung in die Welt der Spiritualität. Für mich ist Spiritualität ein Teil meines täglichen Lebens – es umfasst alle Lebensbereiche, auch mein Berufsleben. Spiritualität als etwas Getrenntes von uns zu sehen, getrennt von jeglichen meiner Vorhaben oder Handlungen, kann ich nicht nachvollziehen. Meine Sichtweise war und ist: Das ist doch alles eins – ein Leben! Das macht mich alles insgesamt als Mensch aus. Warum sollte ich meine verschiedenen Facetten und Interessen, meine Neugier auf das Leben, in unterschiedliche Schubladen stecken und auseinander dividieren? Für mich ist das Gegenteil wahr. Wenn ich es nicht als etwas Getrenntes von mir betrachte, habe ich doch viel mehr Gesamtheit, einen viel größeren Blickwinkel, viel mehr vom „Big Picture" des Lebens zur Verfügung. Wenn ich all das als eines betrachte – als viele verschiedene Aspekte und Facetten, die mich insgesamt ausmachen. Warum sollte ich meine Spiritualität zur Seite stellen, wenn ich in meinem Beruf tätig bin – ins Büro gehe, Besprechungen moderiere, Workshops gestalte, Trainings halte oder Gespräche und Telefonate führe? Das hat sich für mich nie stimmig angefühlt.

Denn was bedeutet Spiritualität für mich?

- voll und ganz Mensch zu sein mit all dem, was mich ausmacht
- den Mut aufzubringen für mich und meine Bedürfnisse einzustehen
- in mich hineinzuhören, meiner eigenen Wahrheit zu vertrauen und meinen inneren Impulsen zu folgen
- meine Superpowers für mein Umfeld zum höchsten Wohl aller einzusetzen
- authentisch zu sein und meine Natürlichkeit, meine Menschlichkeit, zu leben.

Zum Beispiel: in einer Zusammenarbeit zu artikulieren, was für mich OK ist und auch, was für mich nicht OK ist, oder, dass ich etwas nicht weiß, oder, dass jetzt eine Grenze erreicht ist und ich so nicht weiter zusammenarbeiten möchte. In solchen Momenten für mich einzustehen, wo es mir wichtig ist, weil ich in meinem Inneren meine eigene Wahrheit spüre und ihr folge, kennzeichnet für mich Selbstermächtigung. Das meine ich, wenn ich darüber schreibe „zu den eigenen Bedürfnissen zu stehen" und für diese einzustehen – auch im Berufsleben. Nichts anderes ist Spiritualität für mich. Und dies ergänzt auch mein Motto „Lebe deine Meisterschaft!". Es bedeutet für mich, mir und meinem Umfeld zu dienen, mit allen Superpowers, die in mir stecken.

Was ist nun das „Seins-Feld"? Wie kannst du es entdecken und wobei hilft es dir? Dein Seins-Feld umfasst all deine Facetten, wie die Facetten, Ecken und Kanten eines Diamanten, der je nach Lichteinfall und Oberfläche in unterschiedlichen Spiegelungen strahlt und funkelt. Andere Bezeichnungen dazu wären Wirk-Feld oder dein „Freiraum".

Wenn du dich in Form einer kurzen Meditation, eines Moments des Bewusstwerdens deines Seins-Feldes, mit diesem verbindest, wirst du die Kraft dieses Feldes mehr und mehr spüren. Du wirst dir seiner Strahlkraft immer bewusster werden. Die bewusste Aktivierung deines Freiraums erhöht deine Selbstermächtigung, Selbstbestimmung, Gestaltungskraft und Selbstverantwortung.

Wie gelingt es dir, dein Seins-Feld wahrzunehmen und bewusst zu aktivieren? Indem du dich regelmäßig aktiv damit verbindest. Dazu findest du eine Wahrnehmungsübung „Die Übung des freien Seins" im Kapitel „Freiraum und Offenheit". Erobere, entdecke und erforsche deinen freien Raum. Je öfter du diese Wahrnehmungsübung machst, desto mehr wirst du es spüren können. Die Voraussetzung dafür ist, dass du es dir erlaubst, deinen Freiraum zu spüren, dich ganz darauf einlässt und hineingehst in die bewusste Wahrnehmung.

> **Wichtig**
> Gib dir selbst die Erlaubnis:
> „Ja, ich erlaube mir, mein Seins-Feld zu entdecken und voll und ganz wahrzunehmen! Ja, ich erlaube mir, meine inneren Impulse zu erforschen und ihnen zu folgen zu meinem höchsten Wohl und zum höchsten Wohle aller! Ich erlaube es mir, aus meinem Freiraum, aus meinem Wirk-Feld, heraus zu handeln!"

Meditation oder andere spirituelle Praktiken sind meines Erachtens nichts anderes, als uns immer wieder genau dorthin zu führen. Es sind lediglich unterschiedliche Wege, die dich dorthin bringen. Auch die Natur kann dir dabei helfen. Wenn du dich regelmäßig in der Natur aufhältst, spürst du „automatisch" ein Zurückkommen zu dir selbst.

Wenn wir sagen: „Ich spüre mich nicht", meinen wir meistens damit das Gefühl, uns selbst und unsere Bedürfnisse nicht mehr wahrnehmen zu können, weil wir zu sehr im Außen sind. Wir überschwemmen uns selbst mit Erledigungen, die zu tun sind, und verschiedenen Aktivitäten, die wir planen und umsetzen wollen, um bestimmte Ziele zu erreichen. Wir setzen uns unzähligen Medieneinflüssen aus, die auf uns einprasseln. Wir gehen unter in einer Flut von Information, Aufgaben und Erledigungen. Durch die starke Vernetzung in den sozialen Medien setzen wir uns einem ständigen Wettbewerb und Vergleichen aus. Für mich ist es in der heutigen Zeit essenziell, Vertrauen in unsere Fähigkeiten und Talente zu entwickeln, dadurch unsere Einzigartigkeit zu erkennen und im Team zu leben. Wenn du von deiner inneren Wahrheit aus agierst und immer wieder zu dir selbst zurückfindest, stärkst du die Wahrnehmung deines Seins-Feldes mehr und mehr.

Wichtig: Deiner inneren Wahrheit folgen
Du erlangst Klarheit zu:
- Was ist in diesem Moment für dich wichtig? Wo liegt jetzt deine Priorität?
- Wo fließt es jetzt frei und leicht?
- Was würde dir jetzt die größte Freude bereiten?
- Was gilt es jetzt zu klären, damit die größtmögliche Wirk- und Umsetzungskraft freigesetzt werden kann?

Und dann ist die Flut an „Tasks" und „To-Dos" plötzlich unerheblich, denn du hast Klarheit darüber gewonnen, was jetzt am wichtigsten für dich ist und welche Schritte nun die oberste Priorität haben, die sich mit Leichtigkeit und großer Kraft umsetzen lassen. Dadurch steigst du ein in dein magisches Seins-Feld, in deinen Freiraum, in deine innere Blütenpracht – und erschaffst in Co-Kreation mit deinem Umfeld, das, was zum höchsten Wohle aller ist aus deinem freien Raum heraus. Und ich nenne es deswegen „magisch", weil es so einfach und kraftvoll zugleich ist.

Als ich das für mich entdeckt und erkannt habe, war dies ein großes Aha-Erlebnis für mich! Es hat mich unglaublich bereichert und dankbar gemacht. Es ist das größte Geschenk als Mensch, dies zu erfahren: den eigenen Freiraum zu leben und der inneren Wahrheit zu folgen. Und dies auch unseren Mitmenschen, unseren Teammitgliedern zuzugestehen, ermöglicht die Selbstermächtigung, das Empowerment, jedes einzelnen. So leben wir wahre Co-Kreation und Team Excellence.

Superpowers vereint

Literatur

Wintersteiger A (2018) Scrum Schnelleinstieg. entwickler.press. Frankfurt a. M.

6

Freiraum und Offenheit

Zusammenfassung Es braucht Freiraum und Offenheit, damit die WIR-Intelligenz in einem Team angezapft und wahrgenommen werden kann. Ich beschreibe eine neue Form des Miteinanders und der Zusammenarbeit in Teams. Voraussetzung ist der eigene Mut, sich selbst Freiraum zuzugestehen und sich zu öffnen für neue Denkräume und Vorgehensweisen. Anhand einer Übung, die ich mit dir teile, wird es für dich möglich, Freiraum mehr und mehr zuzulassen.

Lebst du deinen Freiraum? Es ist ein natürlicher Impuls unseres Menschseins: den eigenen Freiraum zu leben. So kommen wir in unsere Selbstermächtigung, Selbstbestimmtheit und Selbstverantwortung zurück! Und je mehr du deinen eigenen Freiraum lebst, umso mehr wirst du diesen Freiraum in deinen Teams und Projekten, in der Zusammenarbeit mit anderen, fordern und fördern.

Freiraum und Offenheit sind zwei Aspekte der Teamarbeit, die sehr viel Kraft und Energie im Team freisetzen können, wenn sie gelebt werden. Du wirst staunen und fasziniert sein von der Schubkraft, die freigesetzt wird, und von der „neuen" Art der Zusammenarbeit, die sich dadurch entfaltet und sichtbar wird – und die eine Einfachheit bewirkt und zu einer neuen Leichtigkeit im Team führt. Warum spreche ich von einer „neuen" Art der Zusammenarbeit unter Anführungszeichen? Weil diese Form der Zusammenarbeit im Grunde genommen nicht neu ist! Sie ermöglicht eine Natürlichkeit, die ohnehin in uns angelegt ist. Eine Form des natürlichen Zusammenarbeitens, die ohnehin in uns verankert ist und nach der wir uns alle sehnen. Eine natürliche Art der Teamarbeit basierend auf Gestaltungsfreude, Eigenverantwortung, Offenheit, Respekt, Wertschätzung und WIR-Kraft.

Wenn wir uns frei machen von alten Glaubenssätzen darüber, wie wir im Berufsleben sein müssten und wie die Zusammenarbeit in Teams funktionieren sollte – wenn wir uns frei machen von veralteten Strukturen, Paradigmen und konstruierten, im Sinne von künstlichen, Managementansätzen, werden wir dieses unglaubliche Potenzial frei legen, das immer schon in uns verwurzelt war, und nur darauf wartet von uns aktiviert zu werden.

Wenn wir den Mut aufbringen, uns zu öffnen für unseren eigenen Freiraum und den Freiraum im Team und Offenheit zulassen und leben, werden wir bisher ungeahnte Potenziale freilegen und eine neue Form der Zusammenarbeit erleben, die scheinbar unmögliche Ergebnisse ermöglicht. Wir erschaffen dadurch eine neue Realität in der Berufswelt, die aus Gestaltungsfreude, Selbstverantwortung, Humor, Spaß und Leichtigkeit besteht.

Moment mal, Humor? Spaß? Leichtigkeit im Business? Wie soll denn das gehen? Wollen wir das überhaupt in der Berufswelt erleben? Andererseits, wer hat denn beschlossen, dass es „ernst", „hart" und „streng" sein muss bei der Arbeit? Wer von uns möchte weiterhin diesem alten Paradigma folgen? Willst du in deinem aktuellen Umfeld tatsächlich so weiterarbeiten wie bisher? Entspricht dies deinem natürlichen Bestreben, wie du dich ausdrücken und was du bewirken möchtest in der Arbeitswelt? Erfüllt dich diese Art des Zusammenarbeitens und macht es dir Freude und Spaß? Für mich hat „hart", „streng" und „ernst" noch nie gepasst. Für dich?

Wer von uns hat definiert, dass ein Arbeitsumfeld bestehend aus Neid, Missgunst, Zurückhalten von Informationen, Wettbewerbskampf und massiv hohem Arbeitsdruck, jenes Umfeld sei, in welchem die besten Ergebnisse bzw. Spitzenleistungen erzielt würden und sich alle Mitarbeitenden, egal welcher Hierarchieebenen, voller Freude jeden Tag ans Werk machten? Wer meint, dies ermögliche ein natürliches Freisetzen aller Kräfte im Team wie Kreativität, Innovation oder Zukunftsdenken? Kannst du dich und kann sich dein Team, basierend auf diesen Aspekten, frei entfalten und das optimalste Ergebnis für alle erreichen?

Meine Erfahrung ist es, dass ich mich in jenen Firmenkulturen, die vorrangig nach dem alten Paradigma lebten, verbiegen, verstellen und zurückhalten musste. Als ich nach meinem Studium voll ins Berufsleben eintauchte, bekam ich mehr und mehr den Eindruck, dass dies die zugrunde liegenden Aspekte seien, die man in der Arbeitswelt akzeptieren müsse. Strenge, hohe Arbeitslast, Wettbewerbskampf innerhalb und außerhalb des Unternehmens, Missgunst und Termindruck waren an der Tagesordnung. Und ich ließ mich davon einschüchtern. Gleichwohl ich mich frisch im Berufsleben irritiert selbst fragte: Und so geht's jetzt weiter bis zur Pension? Ist das ein Arbeitsumfeld, in dem ich mich wohl fühle? So sieht die Berufswelt also aus?

Ja, auch ich hatte schmerzvolle Erlebnisse in der Arbeitswelt gemacht, wie viele von uns, und oft sind es bis heute noch immer Tabu-Themen: unfaire Behandlung, ungerechte Bezahlung, aufgrund von ständigen Umstrukturierungen in den Unternehmen verschiedenste Rollen „aufs Aug' gedrückt" zu bekommen, unrealistischen Erwartungen und Anforderungen an meine Rolle als Teamleiterin oder Projektleiterin nachzukommen, die in Wahrheit von keiner Person jemals erfüllt hätten werden können etc. Ich stand mehrmals an der Schwelle zum Burn-Out. Und ich bin dankbar für all diese Erlebnisse und äußert herausfordernden Phasen in meinem Berufsleben! Warum? Rückblickend habe ich realisiert: mein Schmerz hat mich angetrieben und meine Tatkraft und Gestaltungsfreude aktiviert. Diese Herausforderungen sind mein Antrieb für Veränderung geworden. Sie haben mir immense Kraft gegeben, mich unermüdlich für eine andere, nämlich natürliche, kraftvolle, freudvolle Art der Zusammenarbeit einzusetzen und zu leben – und „trotzdem", nein, gerade deswegen, Spitzenleistungen mit Leichtigkeit, Humor und Freude zu erzielen! Womöglich hattest du auch schon schmerzvolle Erlebnisse in deinem Berufsleben: du wurdest ausgebootet oder hintergangen, du bekamst keinen Bonus für deine herausragenden Leistungen, obwohl ursprünglich vereinbart. Vielleicht hast du auch selbst Neid und Missgunst gestreut, wichtige Informationen nicht mit deinen Kolleg:innen geteilt oder deinen Mitarbeitenden immens hohen Arbeitsdruck aufgebürdet? Haben dir all diese Erlebnisse Freude bereitet? Hattest du Spaß bei der Arbeit? Bist du unter diesen Gegebenheiten tatsächlich gerne ins Büro gegangen? Hat dich diese Art der Zusammenarbeit erfüllt – egal welche Position du inne hattest?

Je mehr ich mir selbst meinen Freiraum in der Arbeit zugestand, je mehr Vertrauen ich in meine eigenen Fähigkeiten und Kenntnisse gewann, je offener mein Umgang mit Kolleg:innen wurde, umso mutiger setzte ich mich für eine andere Art der Zusammenarbeit ein, und umso mehr **forderte und förderte** ich diesen Freiraum und diese Offenheit in meinem Umfeld, in meinen Teams, in meinen Projekten – eben da, wo ich einen Unterschied bewirken konnte und kann.

6.1 Die Erlaubnis für Freiraum

Ich habe immer wieder an mir selbst erlebt, wie wichtig es ist, mir selbst den nötigen Freiraum zuzugestehen. Es ist ein wesentlicher Aspekt unseres Menschseins, den eigenen Freiraum leben zu können. Mir selbst den Freiraum zu geben für Wachstum, für mein Dasein und Wirken wie eine Pflanze, die ihren inneren Wachstumsschub spürt und ihm Raum gibt. Und sich selbst dabei beobachtet, wie sie sich immer mehr ausdehnt, erstarkt und erstrotzt vor Kraft und Freude an sich selbst in dieser Entfaltung.

Warum ist es so wichtig den eigenen Freiraum zu spüren? Sich dessen bewusst zu sein und ihn zu leben? Weil es dich in deine Selbstermächtigung, Selbstbestimmtheit und Selbstverantwortung bringt! Diesem inneren Schub in dir nachzugeben ist ein ganz natürlicher Drang. Wenn du dies zulässt und dir selbst die Erlaubnis dafür gibst, deinen inneren Impulsen Gehör zu schenken, erlebst du pure Selbstermächtigung. Gerade JETZT ist die beste Zeit dafür, sich zu öffnen für diese innere Schubkraft, denn sie ermöglicht eine neue Form des Miteinanders und der Zusammenarbeit. Damit gibst du dir selbst eine Richtung vor, wo es lang geht für dich. Der innere Schub gibt dir deine Richtung und deinen Fokus vor – weg von Fremdbestimmung und Fremdsteuerung hin zu Selbstbestimmung, Selbststeuerung und Eigenverantwortung. Du wirst dadurch viel klarer spüren, was du willst, wohin du strebst und worauf du deinen Fokus richten möchtest. Und all die Erwartungen an dich von deiner Außenwelt werden weniger Gewicht bekommen als bisher. Du wirst deinen inneren Impulsen mehr Gehör schenken und erleben wie befreiend diese Erfahrung für dich ist. Achtung: Hier geht es nicht um Egoismus, Egozentrik oder Narzissmus! Wenn du eigenverantwortlich und selbstbestimmt die Welt um dich herum mitgestaltest zum höchsten Wohl aller, in Form einer Co-Kreation mit deiner Umwelt, ist das der Weg in ein neues Paradigma. Wir müssen uns selbst nur die Erlaubnis dazu geben.

Und wenn du dich selbst einmal dafür geöffnet hast und den inneren Impulsen nachgegeben hast, dann wirst du dies „automatisch" auch in deinem Team erleben bzw. erleben wollen: den freien Raum für jede:n im Team schaffen, um die Entfaltung der inneren Schubkraft jedes einzelnen Teammitglieds zu ermöglichen.

Dieser Prozess wird in dir und in deinem Team unglaublich viel Power freisetzen. Diese Schubkraft und Wirkkraft wird euch als Team emporheben auf eine Ebene,

- wo das scheinbar „Unmögliche" möglich wird,
- wo der Zusammenhalt in deinem Team wächst und sich stärkt und ihr gemeinsam durch dick und dünn geht,
- wo jede:r aus der natürlichen Kraft heraus arbeitet und das Thema „Burnout" kein Thema mehr ist, da sich der Einsatz und die Energie im Team selbst regulieren und für einen gesunden Ausgleich sorgen,
- wo Spitzenleistungen im Team möglich sind, die euch viel einfacher und freier gelingen werden, und welche im Außen ein Staunen erzeugen – einerseits von anderen Teams oder Abteilungen, und andererseits von dir und deinem Team selbst!

Ihr werdet gemeinsam staunen: „Wow, das haben wir vollbracht? Das ist uns gelungen? Und dabei ist es uns so einfach und voller Freude von der Hand gegangen!". Ihr werdet euch gegenseitig auf die Schultern klopfen und eure eigenen Leistungen und Ergebnisse bestaunen. Was könnte dieses scheinbar „Unmögliche" sein, wenn diese innere Schubkraft und der Freiraum im Team freigesetzt wird? Und was sind meine Erlebnisse dazu?

- Ruhe und Ausgleich zu schaffen in einem Team, das unter einem sehr hohen Zeitdruck steht, termingerecht Ergebnisse abzuliefern.
- Ein Team, das seit Jahren als „schwierig" gilt und „schwer zu managen", in ein neues Fahrwasser zu bringen. In diesem Team einen neuen Nährboden zu schaffen für ein schwungvolles Miteinander basierend auf Respekt, Wertschätzung und Freude.
- Zwischen scheinbar „verfeindeten" Teams Respekt und Wertschätzung herzustellen und einen natürlichen Kommunikationsfluss zu schaffen.
- Misstrauen und Zweifel an den Leistungen des Teams und deren Qualität aus der Welt zu schaffen, indem das Team selbst neues Vertrauen in sich findet, sowie neues Vertrauen bekommt von seinem Umfeld bestehend aus anderen Teams, Abteilungen, Vorgesetzten, Kunden, Partnern etc.
- Frischen Wind, Freude und Spaß bei der Arbeit in ein Team zu bringen, das erstarrt ist vor Angst und Sorge aufgrund zahlreicher Umstrukturierungen, Informationsflut oder fehlenden Informationen dazu, und großer Unsicherheit, die im Unternehmen geschürt wird.
- Klarheit, Transparenz und Vertrauen herzustellen in einem Team, das untergeht in Arbeit, Arbeitsmethoden und Tools, die zu verwenden sind.
- Und… überlege dir selbst weitere „Wunder", die du so bewirken willst und kannst!

Gerne möchte ich dir von einem konkreten Beispiel erzählen, das zeigt, wie essenziell es ist, sich zu öffnen für den freien Raum und die inneren Impulse in einem Team. Vor kurzem saß ich mit einer Freundin beim Frühstück und sie erzählte mir von ihrer neuen Arbeitsstelle. Diese hatte sie vor drei Monaten angetreten und vor rund zwei Monaten hatte ein Wechsel in der Teamleitung stattgefunden. Meine Freundin schilderte, dass die neue Teamleiterin sehr engagiert und ambitioniert sei. Sie mache sich viele Gedanken um die Organisation von Arbeitsprozessen, um Ordnung und klare Strukturen, um Dokumentation von Abläufen usw. Auch sei sie sehr kommunikativ und im regen Austausch mit jedem Teammitglied.

„Klingt doch alles optimal!", magst du denken, oder?

Die großen Ambitionen und der hohe Arbeitseinsatz der Teamleiterin führten dazu, dass sich alle im Team überrannt fühlten. In einem ersten Teammeeting stellte die Leiterin unzählige Flipcharts und Ausdrucke vor, auf welchen sich neue Vorgaben, Regeln und Arbeitsabläufe befanden. Eine Information türmte sich auf die nächste. Die Teamleiterin war voller Begeisterung und Elan. Nach einem etwa zweistündigen Monolog sah sie in die Runde und fragte: „Alles klar? Habt ihr Fragen dazu?". Alle waren platt und erschlagen von den Inhalten und neuen Informationen. Keiner war mehr fähig, eine Frage zu stellen. Doch dann meldete sich meine Freundin zu Wort und meinte: „Ich wäre sehr an deinem Werdegang interessiert. Was hast du bereits für berufliche Stationen durchlaufen?" Die Leiterin war überrascht und fragte in die Runde, ob das alle interessieren würde. Darauf bekam sie große Zustimmung vom Rest des Teams und erzählte von ihrem beruflichen Hintergrund. Denn allen Teammitgliedern war wichtig zu verstehen, was sie bereits alles erlebt hatte, welche Kompetenzen sie mitbrachte, um eine Idee davon zu bekommen, wie sie „tickt". Das Fazit meiner Freundin war: „Sie spürt uns nicht. Sie spürt das Team nicht! Und wahrscheinlich spürt sie sich selbst nicht."

Was wird bei diesem Beispiel offensichtlich? Wie würde es dir als Teammitglied in dieser Arbeitssituation gehen? Wie würdest du vorgehen in der Leitungsfunktion? Findet hier wahre Interaktion statt, um gemeinsam Neues zu schaffen? Um sich zu öffnen für ein neues „Spielfeld", auf dem sich alle als Team neu formieren können, inklusive der neuen Teamleitung? Wird das Potenzial, das bereits vorhanden ist, genutzt?

Ein anderer Punkt, der viele im Team stresste, war die ständige „one way" Kommunikation der Teamleitung via E-Mails, ausgedruckten Memos in den Arbeitsablagen der Teammitglieder und vor allem via Instant-Messaging Applikation. Zu jeder Tages- und Nachtzeit ohne Rücksicht darauf, ob sich die Person gerade im Dienst befand, Ferien hatte oder einen freien Tag, bekamen die Teammitglieder Nachrichten zugeschickt von ihrer Vorgesetzten. Meine Freundin meinte bei unserem gemeinsamen Frühstück dazu: „Nach meinen Ferien muss ich mit meiner Chefin darüber sprechen. Ich möchte nicht regelmäßig Instant-Messaging Nachrichten erhalten. Dies überschreitet deutlich eine Grenze für mich und ist eindeutig zu viel an Kommunikation!"

Ich selbst habe ähnliche Situationen erlebt und von Kolleg:innen und Freund:innen viele weitere Beispiele erzählt bekommen, wo die Chance verpasst wurde und das große Potenzial brach liegen blieb, einen freien Raum zu schaffen im Team und sich füreinander zu öffnen. Es geht immer um die Essenz – egal in welcher Branche oder Industrie, egal in welcher Teamzusammensetzung, egal nach welcher vorgegebenen „Arbeitsmethode"[1] das Team zusammenarbeitet.

In der Essenz geht es darum, immer wieder den natürlichen inneren Impulsen im Team Raum zu geben. Oft übernimmt die Teamleitung bereits vorgefertigte Regeln, Richtlinien, Praktiken oder Standards, die jedoch gar nicht passen für die Führungskraft selbst und die Teammitglieder schon gar nicht. Auch braucht es die Offenheit und den Mut in der Leitungsrolle, sich auf Neues einzulassen und sich selbst, wie auch dem Team, Freiraum zu geben. Und hier liegt unglaublich viel Potenzial zum Greifen nahe: den Raum zu öffnen für ein neues Sein im Team, eine neue Teamformation, die es ermöglicht, gemeinsam über sich selbst hinauszuwachsen. Das gibt ganz viel Kraft, es erzeugt unglaublich viel WIR-Kraft – und macht „nebenbei" auch noch Freude und Spaß.

Wie ist es möglich, Freiraum zuzulassen? Wie könntest du dies „üben"? Anfangs braucht es vermutlich eine kleine Portion Mut dafür! Und am besten gelingt es dir, wenn du eine Regelmäßigkeit etablierst. Denn so wird der Freiraum bzw. dein Vorhaben „deinen Freiraum zuzulassen", was du eventuell anfangs als „unsicher", „riskant" oder „bedrohlich" wahrnimmst, Stück für Stück vertrauter. Mit einer täglichen Routine wird es für dich bald ganz normal sein, dir selbst Freiraum zuzugestehen und diesen zu leben. Und auch deinem Umfeld, unter anderem deinem Arbeitsumfeld, wirst du dies daraus folgend auch mehr und mehr gestatten.

Hier eine kleine Wahrnehmungsübung dazu:

---

[1] Als Beispiele solcher Arbeitsmethoden sehe ich bestimmte agile Vorgehensweisen, verschiedene Projektmanagement-Ansätze oder jegliche Managementsysteme zur Prozessverbesserung usw.

Abb. 6.1 Übung des freien Seins

6.2 Die Übung des freien Seins

> Nimm dir jeden Morgen ein paar Minuten dafür Zeit. Es braucht dafür tatsächlich nicht mehr als 5 Minuten! Nimm dir einen Moment, in dem du für dich sein kannst – sei es kurz nach dem Aufstehen, am Frühstückstisch, am Schreibtisch bevor du den PC einschaltest, etc.

Eine Audiodatei dazu findest du auf: https://caroline-rotter-consulting.com/team-excellence-buch/ oder unter diesem QR-Code, siehe Abb. 6.1:

Schliesse die Augen und lenke deine Aufmerksamkeit in deine Fußsohlen und spüre einmal nur den Boden unter deinen Füssen. Wie fühlt sich das an, die Berührung des Bodens mit deinen Fußsohlen? Verweile kurz dort und dann probiere als nächsten Schritt ein „Atem-Experiment" aus!

Ich nenne es so, da es sich natürlich nur in deiner Vorstellung abspielt, wie du nun mit deinem Atem „experimentierst". Versuche über deine Fußsohlen einzuatmen und oberhalb deines Kopfes wieder auszuatmen. Versuche dich auf diese Vorstellung, auf das Gefühl zu konzentrieren, wie es sich anfühlt, über die Fußsohlen einzuatmen und oberhalb deines Kopfes wieder auszuatmen. Vielleicht hilft dir dabei das Bild eines Wales, der beim Auftauchen aus dem Meer eine Fontäne aus Luft und Wasser oberhalb seines Kopfes hinausschießt. Konzentriere dich auf diese Atmung ein paar Atemzüge lang…

Und dann beginne um dich herum deinen Raum zu spüren. Und damit meine ich nicht nur den physischen Raum, in dem du dich gerade befindest. Sondern nimm auch einmal wahr, wie es ist, **deinen persönlichen Frei-**

raum zu spüren. Deinen freien Raum, in dem du dich immer befindest, aus dem heraus du immer agierst. Verweile in der Wahrnehmung deines freien Raums. Was kannst du spüren? Was nimmst du wahr? Was kannst du vielleicht vor deinem inneren Auge sehen? Wie fühlt es sich an? Spürst du eine Freiheit und Weite um dich herum? Oder ist eine Enge oder Eingrenzung spürbar? Spürst du Erleichterung? Eine Entspannung in deinem Körper? Vielleicht sogar ein inneres Loslassen von allen möglichen Gedanken und Vorhaben, die eben noch in deinem Kopf herumgeschwirrt sind? Und wenn du möchtest, kannst du nun innerlich oder laut die folgenden Sätze sprechen:

„Ich bin in meinem freien Raum. Ich spüre meinen freien Raum. Ich bin in meinem freien Raum verankert. Ich bin in meinem freien Raum sicher und geborgen. Ich erlaube mir, in meinem Raum zu verweilen. Ich dehne meinen freien Raum aus. Ich gebe mir selbst die Erlaubnis, meinen freien Raum ganz weit auszudehnen – so, wie es sich jetzt für mich gut und richtig anfühlt. Mein freier Raum ist immer da. Ich verweile in meinem freien Raum."

Genieße noch ein paar Momente dieses Gefühl der Weite und Freiheit und spüre anschließend wieder in deine Fußsohlen hinein. Nimm ein paar tiefe Atemzüge und öffne deine Augen. Wie fühlst du dich jetzt? Wie war diese kleine Wahrnehmungsübung für dich? Konntest du in deinen Freiraum hineinspüren?

Je öfter du diese Übung durchführen wirst, desto mehr wirst du deinen Freiraum spüren und wahrnehmen können – umso häufiger wirst du diese Übung auch durchführen **wollen,** weil du in dir mehr und mehr den Wunsch verspüren wirst, in diesem Gefühl der Freiheit und Weite zu verweilen.

Oft fühlen wir uns eingeengt, gestresst, gehetzt und überfordert. Wir wollen Urlaub nehmen, um uns zu erholen und ein Gefühl der Weite, Entspannung und Freiheit zu spüren. Wir fahren ans Meer, in die Berge, an einen See, da wir uns so sehr sehnen nach genau diesem Gefühl... Es geht einfacher und noch dazu täglich: mit dieser kleinen Wahrnehmungsübung!

Natürlich wirst du dir nach wie vor einen Urlaub gönnen wollen. Keine Frage! Wenn du damit beginnst, diese kurze Übung jeden Tag zu praktizieren, wirst du in deinen Ferien umso schneller in das Gefühl der

Freiheit, Weite und Entspannung hineinfinden. Dann wirst du deinen Kopf schneller freimachen können von deinem Alltagsgeschehen, von deinen Sorgen oder Vorhaben, die dann nach deinen Ferien alle zu erledigen und umzusetzen wären…

Und was hat das Ganze nun mit deinem Berufsleben zu tun? Und mit deinem Team? Mit deinem Arbeitsumfeld? Meine Erfahrung hat mir gezeigt: je mehr ich diese Übung praktiziere, je mehr ich mir meinen Freiraum zugestehe, je mehr ich meinen freien Raum spüren kann, desto mehr erlebe ich diesen Freiraum auch in meiner Außenwelt, in meinem Umfeld – desto mehr gestehe ich dies auch meinen Teammitgliedern zu – umso mehr fordere und fördere ich diesen Freiraum im Team, in meinen Projekten, in meinem beruflichen Tun und Wirken – und umso häufiger sehe ich Beispiele von anderen Menschen, die sich auch ihren Freiraum zugestehen! Und in den anderen Kapiteln dieses Buches liest du von einigen meiner Team-Erlebnisse, in welchen ich mir selbst und meinem Team diesen Freiraum gegeben habe: durch das Fragenstellen, das Aktivieren der Superpowers, das Formulieren und Leben unserer „Golden Rules", mit der Durchführung eines Team Time-Out etc.

Je mehr wir unseren Freiraum wieder einnehmen und spüren können, umso mehr kommen wir „automatisch" zurück in unser Feld der Selbstverantwortung und Selbstermächtigung. Und von hier aus können wir verantwortungsvoll und selbstbestimmt handeln!

> **Reflexion: Freiraum**
> - Wie oft gestehst du dir deinen eigenen Freiraum zu?
> - Beneidest du andere, die sich trauen und es sich erlauben, ihren Freiraum zu leben?
>
> Häufig engen wir uns selbst so sehr ein mit unseren eigenen Vorstellungen und Erwartungen an uns selbst, wie wir in unseren Rollen zu sein haben – beruflich und privat.

Das ist meine Aufforderung. Das möchte ich dir ans Herz legen: **Erlaube dir selbst, deinen freien Raum wieder zu spüren.** Erobere dir selbst deinen Freiraum zurück – deinen freien Raum im Sein. Und erzähle mir davon. Ich bin neugierig auf deine persönlichen Erfahrungen und jene, die du mit deinem Team machen wirst!

6.3 Mut und Offenheit – Mut zur Offenheit

Vor vielen Jahren war das Wort „Mut" für mich ein großes Mysterium. „Was bedeutet es, wirklich mutig zu sein?", fragte ich mich. Als Kind schien ich eher ängstlich und in mich gekehrt zu sein. Was hat mich dazu gebracht, meinen Mut einzusetzen? Was war der Moment oder Auslöser, der meinen Mut freisetzte? Gibt es DEN einen Moment überhaupt? Ich kann für mich behaupten, dass ich in jungen Jahren – nach dem Schulabschluss, als Studentin, nach dem Studium – mich mehr und mehr für meine inneren Impulse geöffnet habe und ihnen gefolgt bin. Es war eine natürliche Entwicklung von innen heraus. Mein Abenteuergeist und meine Entdeckerfreude haben meinen Mut freigesetzt.

Da war der Drang in mir ins Ausland zu gehen, fremde Kulturen und Gebräuche kennenzulernen oder, der Wunsch, mich beruflich in verschiedenen Rollen zu erleben. Als Kinder folgen wir meist ganz automatisch unseren inneren Impulsen, ohne diese zu hinterfragen. Bei mir war es nicht anders. Doch durch die Schulzeit hindurch hatte ich anscheinend unbewusst diesem „Automatismus" immer weniger Vertrauen geschenkt und mich mehr und mehr nach den Erwartungen im Außen gerichtet. Nun bewirkten die Impulse im Innen, die ich spürte und denen ich wieder Raum gab, große Veränderungen im Außen. Mein Mut beschenkte mich mit großartigen Erlebnissen und vielen wertvollen Erfahrungen. Und je mehr ich meinen inneren Impulsen folgte, umso mutiger wurde ich. Das waren große Dinge wie zum Beispiel mit 34 Jahren alle Zelte in meiner Heimat abzubrechen und in einem anderen Land komplett neu zu beginnen oder mir meinen Traum zu erfüllen, ein eigenes Unternehmen zu gründen. Und vermeintlich „kleine" Dinge wie: dem Chef endlich die Stirn zu bieten und sich nicht mehr allen möglichen Vorgaben zu beugen; wie: Selbstverantwortung zu übernehmen, um mir selbst jenes Arbeitsumfeld zu schaffen, in dem ich mich bestmöglich entfalten konnte; oder: mich freiwillig zu melden für die Leitung eines Teams, das als „sehr schwierig zu managen" galt, und mich dieser Herausforderung mit Freude zu stellen.

Reflexion: Mut

- Wie ist es mit dir? Wann traust du dich, mutig zu sein?
- Welche mutigen Schritte bist du bereits gegangen?
- Welche deiner Superpowers helfen dir dabei? Deine Neugier, Entdeckerfreude oder dein Abenteuergeist?

Wenn du dies für dich selbst reflektierst, wirst du womöglich erkennen, dass es bereits einige Momente in deinem Leben gab, in welchen du mutig deinen inneren Impulsen gefolgt bist.
Und was hast du gemacht, während du ihnen folgtest? Du bist damit für dich selbst eingestanden und warst dir selbst treu, den nächsten Schritt, so wie es sich für dich in dieser Situation stimmig anfühlte, zu gehen. Du warst dir dadurch selbst ein treuer Begleiter oder eine treue Begleiterin. Ist das nicht unglaublich befreiend und stärkend? Und macht es nicht noch mehr Lust auf „mehr Mut"?

Deshalb plädiere ich für mehr Mut und Offenheit in der Arbeitswelt. Dadurch ermächtigen wir uns alle selbst, für uns einzustehen und unseren inneren Impulsen zu folgen – und ermöglichen dadurch „Empowerment" im Team. So kann wahre Selbstermächtigung gelebt werden!

Und was verstehe ich unter „Offenheit"? Offen dafür zu sein, neuen Ideen und Impulsen nachzugeben – deinen eigenen und jenen, die in deinem Team entstehen. Offen im Team zu kommunizieren und alle Informationen zu teilen, um dadurch alle damit zu „empowern", d. h. sich gegenseitig damit zu stärken, indem man alle Informationen, die einem Einzelnen vorliegen, mit dem Team teilt – und auch über den „Team-Tellerrand" im gesamten Unternehmen. Offen dafür zu sein, anderen Meinungen und Sichtweisen Gehör zu schenken. Offen dafür zu sein, Neues auszuprobieren – seien es Methoden, Tools, Denk- oder Vorgehensweisen. Offen dafür zu sein und den Raum dafür zu geben, dass viele Fragen aus dem Team heraus gestellt werden können.

Was ermöglichst du damit?

- eine transparente Kommunikation innerhalb deines Teams,
- das Buy-in deiner Teammitglieder, da sie beginnen werden mitzudenken und über den eigenen Tellerrand zu blicken,
- das Commitment bzw. die Verbindlichkeit deines Teams zu den gemeinsam gesetzten Zielen,
- Vorschläge und Ideen für neue Lösungswege kommen aus dem Team selbst,
- das Einbinden in Entscheidungen und kürzere Wege sowohl in der Entscheidungsfindung als auch in der Zusammenarbeit,
- und vor allem: Freude und Spaß in der Zusammenarbeit, eine um vieles höhere Umsetzungskraft und bestmögliche Ergebnisse!

Ich kann dir von Herzen empfehlen: Sei mutig und öffne dich für dein Team! **Ihr werdet reich beschenkt werden, da ihr neue Räume für ein neues Denken, Gestalten und Fühlen schafft.**

Persönlicher Freiraum

7
Wertschätzung und Respekt

Zusammenfassung Ich beschreibe Wertschätzung und Respekt als zentrale Werte, die ein freudvolles und kraftvolles Miteinander ermöglichen. Du wirst eingeladen zu reflektieren, wie du Wertschätzung und Respekt dir selbst und anderen gegenüber entgegenbringst, und erfährst, warum du sie als Superpowers in deinem Arbeitsumfeld einsetzen solltest. Anhand eines Beispiels aus meiner Berufspraxis verdeutliche ich die Auswirkung gelebter Wertschätzung und gelebten Respekts.

Wertschätzung ist ein Weg, den du wählst. Es ist eine Grundhaltung dir selbst und deinem Umfeld gegenüber. Dieser Weg beinhaltet, dass du dir selbst Wertschätzung schenkst sowie Wertschätzung deinem Team gegenüber zum Ausdruck bringst. Schaue einmal zurück auf alles, was du selbst und gemeinsam mit deinem Team bisher erreicht hast und, woran du schon gewachsen bist in deinem Leben. Ich bin mir sicher, du hast bereits zahlreiche Superpowers in dir aktiviert! Schenke dir selbst einmal Anerkennung dafür. Das ist mein Verständnis von echter und gelebter Wertschätzung.

> All dies zählt für mich dazu: Jeden Tag und jeden Moment voll und ganz anzuerkennen. Ein großes JA zu leben zu jedem Moment, auch wenn dieser schwierig erscheint und du dich in einer herausfordernden Situation befindest – auch das anzuerkennen: „Ja, das ist gerade schwierig für mich. Gleichzeitig bietet sich eine neue Lernchance an! Möchte ich sie ergreifen? Das liegt an mir. Aber es bietet sich eine Gelegenheit für mich an, zu lernen, mich zu entfalten und weiterzuentwickeln! Eine neue Möglichkeit, um über mich hinauszuwachsen!" Und es ist eine gewinnträchtige Chance, denn du wirst mit Sicherheit neue Erkenntnisse gewinnen!

Ich selbst habe oft solche Situationen erlebt und im Nachhinein erkannt, dass ich in diesen Momenten über mich selbst hinausgewachsen bin – in den größten Herausforderungen, ohne es zu bemerken. Erst hinterher war dieser Schritt für mich bemerkbar und hat mich in Staunen versetzt, wie weit ich über mich hinausgewachsen war. Und so schwierig manche Situationen auch für mich waren, war ich rückblickend betrachtet unglaublich dankbar für diese Erfahrung – dankbar mir selbst gegenüber, weil ich die Herausforderungen gemeistert hatte und so neue Superpowers in mir zum Vorschein gebracht hatte. Oft verstehen wir erst retrospektiv, warum es für uns wichtig war, bestimmte Lebenserfahrungen zu machen und deren Auswirkungen auf unser weiteres Leben.

Jeder Tag birgt so viele Geschenke in sich – sei es der mürrische Busfahrer, der gehetzte Verkäufer, oder die gestresste Chefin. All dies sind wunderbare Möglichkeiten, um genau in diesen Momenten Wertschätzung zu leben. Wertschätzung für sich selbst, um bei sich zu bleiben, und Wertschätzung für das Gegenüber: „Ja, er ist schlecht gelaunt. Ja, er ist gehetzt. Ja, sie ist gestresst." Das hat aber in einem ersten Schritt nichts mit dir zu tun, sondern mit der Person selbst. Und du entscheidest, wie du darauf reagieren möchtest.

Bleibst du bei dir und bringst deine Sichtweise und Wertschätzung ein, wie man diese Situation auch anders betrachten könnte? Gestresst? Entspannt? Friedlich? Chaotisch? Wie möchtest du diese Situation betrachten und erleben? Ähnlich wie dein Gegenüber? Oder möchtest du einen anderen Blickwinkel, eine andere Perspektive einbringen? Und du wirst merken, dass dies ganz viel bewirken und auslösen wird und einen neuen, freien Raum ermöglicht und öffnet. Ein Raum für ein neues Miteinander und ein neues gemeinsames Sein erschließt sich dadurch. Ein neues Miteinanderschaffen wird möglich, ein Co-Kreieren. Auf anderen Wegen als du sie bisher erlebt hast!

Und das kann auch mit einer Kollegin oder einem Kollegen passieren, mit der oder mit dem du schon seit 15 oder 20 Jahren zusammenarbeitest. Auch das ist möglich! Immer wieder die Arbeitsbeziehung neu zu leben, frischen Wind einzuladen dadurch, dass du Wertschätzung in diesem Moment lebst, indem du die Situation und dein Gegenüber mit Wertschätzung betrachtest. Dadurch lädst du Neues ein in eure Beziehung und euer Miteinander.

7.1 Wertschätzung für dich selbst

Jeden Tag ehren und feiern, das bedeutet Wertschätzung für mich selbst. Jeder Tag ist wie ein leeres Blatt Papier, das neu beschrieben werden möchte. Jeder Tag hat die Achtung und die Aufmerksamkeit verdient, neu gelebt zu werden. Frei und unvoreingenommen. Alle vorangegangenen Tage sind vorbei. Alle zukünftigen Tage noch nicht da. JETZT ist der Moment, in dem du etwas verändern kannst. Im Jetzt liegt die größte Kraft.

Ich empfehle dir, mit dieser Achtsamkeit schon am Morgen zu beginnen und dich selbst dafür anzuerkennen, was du alles miteinbringst in diesen Tag: all deine Qualitäten, deine Erfahrung, deine Kenntnisse und Fähigkeiten, deine Superpowers wie Neugier oder Vorfreude. Diese Anerkennung und Wertschätzung, die du dir und diesem Tag schon am Morgen schenkst, hat eine unglaubliche Kraft für den gesamten Verlauf dieses Tages.

Und auch wenn du dir denkst: „Ich weiß absolut nicht, was heute auf mich zukommt!", birgt dies ein großes Potenzial in sich. Welches? Nämlich das Potenzial, dass du dich öffnest an diesem Tag für das Nicht-Wissen – völlig unvoreingenommen und bewertungsfrei. Dieses Potenzial birgt die Wahrnehmung deiner inneren Impulse in sich, wie neue Sichtweisen oder Denkansätze, und auch den Freiraum, etwas nicht zu wissen. Dies wird deine Kreativität, deine Neugier auf den Tag und den

Austausch mit anderen beflügeln. Neue Handlungs- und Lösungsoptionen können sich dir eröffnen. Vielleicht möchtest du an einem deiner Tage diese Herangehensweise ausprobieren und dich überraschen lassen, welche Erkenntnisse und Einsichten du dadurch gewonnen hast. Und: wie viel Freiraum du dir selbst damit schenkst!

Und auch wenn du dich in einer Phase deines Lebens befindest, in der du vielleicht eine „Junior" Position in einem Unternehmen eingenommen hast, und dir denkst: „Was kann ich denn schon mit meiner wenigen Erfahrung in dieser Rolle beisteuern? Was kann ich denn an Wertvollem beitragen in dieser Anfangszeit?", ist auch diese Rolle absolut anerkennenswert. Warum? Gerade diese Perspektive, die neue Sichtweisen einbringt und beleuchtet, ist sehr wertvoll – auch über eine Anfangsphase hinaus.

Diese „Junior" Perspektive zu haben und einzubringen in Form neuer Anschauungen und Betrachtungsweisen, um bestehende Dinge zu hinterfragen, ist unglaublich wertvoll. Oft geht es darum **neue** Fragen zu stellen. Das macht oftmals den kleinen, aber wesentlichen Unterschied in einem Team aus. Die Antworten sind manches Mal gar nicht so wichtig, sondern die Fragen! Welche Fragen stelle ich und was lösen sie aus? Und vielleicht willst du dir diese „Junior"-Perspektive, dieses frische Denken, bewahren bis ins „hohe" Alter hinein, wenn du dann bereits eine „alteingesessene" Führungskraft bist. Ich kann es jedenfalls sehr empfehlen!

7.2 Wertschätzung für dein Umfeld

Ein wertschätzendes Arbeitsumfeld ist heute wichtiger denn je. Warum? Du kennst es wahrscheinlich aus deinem Berufsleben: wir werden mehr und mehr gefordert Ergebnisse von hoher Qualität in immer kürzerer Zeit und unter komplexeren Arbeitsbedingungen zu erbringen. Und dafür braucht es Teams, die ihre Superpowers, ihre Talente und Fähigkeiten, ihr Wissen und ihre Erfahrung bündeln und vereinen – eben ihr volles Potenzial einbringen. Gelebte Wertschätzung ist hier ein großer Erfolgsfaktor, um unter hohem Arbeitsdruck motiviert und arbeitsfähig zu bleiben.

Ich bin davon überzeugt, dir fällt jeden Tag auch mindestens eine wertvolle Qualität, also Superpower, ein zu jedem deiner Teammitglieder, Vorgesetzten oder Kolleg:innen, die du an diesem Tag anerkennen kannst und für welche du Wertschätzung und Dankbarkeit ausdrücken möchtest. Mit dieser Art von Haltung, mit diesem Mindset, werden dir deine Mitmenschen auch wertschätzend begegnen und dich anerkennen für deine Fähigkeiten und Stärken. Und du wirst überrascht sein, was deine Mitmenschen alles in dir sehen, weil du selbst dieses oder jenes als selbstverständlich erachtest, z. B. deine Neugier, deinen Humor, deine Begeisterungsfähigkeit, deinen Forschergeist, deine strukturierte Arbeitsweise, deinen Ordnungssinn oder deine chaotische Ader, die frischen Wind hineinbringt.

Wertschätzung birgt für mich auch den Aspekt der Bewunderung in sich. Ich bewundere mich selbst oder mein Gegenüber für diese oder jene Fähigkeit, Verhaltensweise oder Eigenschaft. Wer von uns möchte nicht bewundert werden für etwas, was uns ausmacht?

> Schenke dir selbst diese Bewunderung und schenke die Bewunderung deinen Mitmenschen und du wirst merken, dass dies einerseits leicht, einfach und schnell umsetzbar ist. Andererseits wirst du dadurch „Wunder auslösen" in der Zusammenarbeit! Denn Wertschätzung hat einen großen Einfluss auf die Stimmung, das Miteinander im Team und die Motivation aller – was wiederum einen erheblichen Einfluss auf die Erreichung eurer Ziele und Ergebnisse haben wird! Denn du drückst mit deiner Wertschätzung Respekt, Wohlwollen, Zugewandtheit und Aufmerksamkeit aus im Sinne von: „Ich sehe und achte dich für das, was dich ausmacht, und mit dem, wofür du hier bist!"

Wertschätzung hat für mich eine direkte Verbindung zu und Einfluss auf die Wertschöpfung in einem Team, einer Abteilung, einem gesamten Unternehmen! Denn wo ist der Ursprung der Wertschöpfung? Wenn der Mensch als das wertvollste Gut der Organisation gesehen und geachtet wird, kann sich Wertschöpfung auf allen Dimensionen entfalten: nämlich in der Verbindung zwischen Mensch, Unternehmen und Gesellschaft. Wenn der Mensch „Mensch sein" darf in seiner Natürlichkeit, mit seinen individuellen Bedürfnissen und Superpowers, erzeugt dies eine immense Schubkraft nach vorne. Gemeinsam im Team wird er Spitzenleistungen erbringen und damit nachhaltigen wirtschaftlichen Erfolg für die Organisation sichern.

Gelebte Wertschätzung beginnt für mich in der täglichen Zusammenarbeit in den Teams, geht über in die Herstellung der Produkte und Dienstleistungen, in die Beziehungen mit Geschäftspartnern und erreicht die Kund:innen durch die Qualität der Leistung, Produkte und einer wertschätzenden Beziehung. Ein sehr bekanntes österreichisches Unternehmen verwendet den Slogan „Wertschöpfung durch Wertschätzung" auf seinen Produktverpackungen.

Je mehr Wertschätzung du also ausdrückst gegenüber deinen Teammitgliedern, je mehr ihr dies untereinander lebt, desto mehr werdet ihr eure Superpowers, eure Stärken, zum Einsatz bringen, und ihr werdet dadurch eine höhere Produktivität im Team erzielen. Und eine höhere Produktivität führt euch zu einer höheren Wertschöpfung insgesamt[1]. Ihr vergoldet damit eure Ergebnisse! Das ist für mich der Innbegriff eines zukunftsfähigen Unternehmens.

7.3 Die Auswirkung von Respekt und Wertschätzung

An dieser Stelle möchte ich gerne noch tiefer eingehen auf die Wirkung von Respekt. Respekt bedeutet für mich, jemandem Achtung zu erweisen – sei es mir selbst oder anderen diese Achtung zu schenken. Du kannst dir zum Beispiel in einem Moment, in dem du komplett müde und ausgelaugt bist, Respekt zollen, indem du dir zugestehst: „Ja, ich bin total erledigt. Ich lasse jetzt alle Fünfe gerade sein und lege eine Pause ein." So schenkst du dir selbst Respekt und Achtung, indem du deine momentane Gemütsverfassung und dein Energielevel respektierst und eine Pause machst.

---

[1] Siehe dazu zum Beispiel die Forschung des Gallup-Wissenschaftlers Dr. Don Clifton in dem Buch „Entwickle deine Stärken", Gallup (2022).

Auch finde ich die ursprüngliche Bedeutung der Wörter unserer Sprache immer wieder sehr spannend. Der Ursprung aus dem Lateinischen von „respicere" oder „respectare" bedeutet unter anderem „berücksichtigen". Das bedeutet: dadurch, dass du dich selbst und dein Gegenüber respektierst, nimmst du Rücksicht auf dich selbst bzw. dein Gegenüber!

Respekt beinhaltet auch den Aspekt von: „Wir sind alle gleichgestellt und ebenbürtig als Menschen so wie wir sind." Meine Erfahrung in der Zusammenarbeit mit Einzelpersonen und in Teams hat mir gezeigt, wie wichtig es ist, diese Haltung zu leben, und hier auch als Beispiel voranzugehen und dies vorzuleben. **Es ist so einfach mit einer so großen Wirkung.** Denn was bewirkt diese Einstellung, diese Haltung? Dein Gegenüber öffnet sich und der Grundstein wird gelegt für einen ersten Kommunikationsaustausch und ermöglicht in weiterer Folge eine erfolgreiche Zusammenarbeit.

Auch könnte dies eine Spielregel eures Teams sein! Ich kann es dir jedenfalls sehr empfehlen, dazu eine „Golden Rule"[2] gemeinsam mit deinem Team zu formulieren. Ich bezeichne sie meist als „Fair Play" und sie könnte folgendermaßen formuliert sein: „Play a fair game and treat your opposite as equal. Respect the work and the human being."

> **Reflexion: Wertschätzung und Respekt**
> Nun möchte ich dich zu einer Reflexion einladen:
> - Erkennst du selbst all deine Qualitäten, Kenntnisse und Fähigkeiten an?
> - Wertschätzt du deine bisher gemachten Erfahrungen?
> - Hast du dir selbst schon einmal überlegt, wie du Respekt erfahren möchtest?
> - Behandelst du dich selbst mit Respekt?
> - Schenkst du dir jeden Tag Wertschätzung? Dafür, dass du an jedem neuen Tag dein Bestmögliches gibst in deiner jeweiligen „Verfassung"?
> - Wie wünschst du dir konkret, dass man dir Respekt entgegenbringt? Kommen dir bestimmte Situationen in den Sinn? Vielleicht Situationen, in denen du keinen Respekt bekommen hast? Und was hättest du in dieser Situation gerne anders erlebt?

---

[2] Siehe Kap. 9

- Wie fühlt sich eine Situation an, in der du respektiert wirst?
- Und wie stellst du dir ein respektvolles Miteinander konkret vor? Wie willst du dieses gestalten?
- Bist du bereit, **alle** deine Mitmenschen respektvoll und wertschätzend zu behandeln?

Du musst nicht sofort all diese Fragen auf einmal beantworten. Lasse sie wirken und nimm dir Zeit dafür. Vielleicht ändern sich auch deine Antworten über die Zeit hinweg basierend auf deinen Erfahrungen.

Ich selbst reflektiere immer wieder einmal darüber; vor allem, wenn ich die Zusammenarbeit mit einem neuen Team beginne und hier die Grundbausteine für gegenseitigen Respekt und Wertschätzung lege. Oder auch nach Situationen, in welchen es mir schwer fiel Respekt und Wertschätzung zu zeigen. Oder nach Situationen, wo ich meinem Empfinden nach keinen Respekt oder Wertschätzung erfahren habe. Dann frage ich mich: Warum ist diese oder jene Situation so verlaufen? Wie war meine eigene Gemütsverfassung bzw. meine Haltung in jenem Moment und welche Auswirkung hatte das auf die Interaktion mit meinem Umfeld?

Ich bin der Meinung, nein, der festen Überzeugung, denn mein Leben lässt mich das immer wieder aufs Neue erfahren: **Die Außenwelt stellt ein Spiegelbild unserer Innenwelt dar.** Das heißt, wenn ich mich selbst nicht respektiere und wertschätze, dann werde ich das auch im Außen nicht erfahren und so gespiegelt bekommen in der Interaktion mit meinen Mitmenschen. Und solche Momente bzw. Erlebnisse sehe ich dann stets als „internen Reminder", den Respekt für mich selbst und die Wertschätzung mir selbst gegenüber zu pflegen. Das macht mich einerseits froh und glücklich. Andererseits befreit es mich auch von dem Bedürfnis, im Außen von meinem Umfeld diese beiden Aspekte zu erfahren.

Natürlich brauchen wir auch die Wertschätzung und den Respekt für unsere Arbeit von unserem unmittelbaren Umfeld, unseren Teammitgliedern, Vorgesetzten und Kolleg:innen. Das ist Teil unseres Menschseins.

7 Wertschätzung und Respekt

> Der Impuls für ein erfülltes Erlebnis tiefer Wertschätzung und aufrichtigen Respekts kommt immer von uns selbst, aus unserem Inneren heraus. Es ist unsere innere Haltung, die hier den Grundstein legt.

Hast du es schon einmal erlebt, dass du dich in bestimmten Situationen klein gemacht und dich in den Hintergrund gestellt hast? Oft ist das ein Beispiel von fehlender Wertschätzung sich selbst gegenüber. Es fehlen der Mut und die Wertschätzung dafür, sich selbst anzuerkennen und sich so zu zeigen, wie man ist.

Worin liegt der „Mehrwert", dich selbst anzuerkennen? Es bringt dich in deine Kraft zurück, wenn du in einer Situation, in der du dich nicht wohl fühlst, dem Impuls nicht nachgibst, dich klein zu machen, sondern dich in diesem Moment daran erinnerst an all das, was dich ausmacht – deine Talente, Superpowers, Erfahrung etc. – und dir selbst Wertschätzung entgegenbringst. Du stehst für dich selbst ein und bist dadurch ein Vorbild für deine Teammitglieder und Mitmenschen. Nämlich, dies genauso zu tun! Indem du dich selbst dazu ermächtigst, wertschätzend und respektvoll mit dir umzugehen, ermächtigst du dein Umfeld dazu, das gleiche zu tun! Und es führt euch alle zurück in ein gesundes Miteinander, zu einem gesunden Arbeitsklima, wo sich jeder gesehen, geachtet und gehört fühlt.

Nun, wie lebe ich Wertschätzung in meinem Arbeitsumfeld und in der Zusammenarbeit in einem Team? Gerne möchte ich mit dir ein paar Beispiele dazu teilen.

Wertschätzung drücke ich dadurch aus, dass ich regelmäßig meine Dankbarkeit äußere. Hier ein paar Beispiele:

- ein „Danke", dass du das E-Mail mit uns geteilt hast,
- ein „Danke", dass du die Inhalte einer Besprechung kurz und bündig zusammengefasst hast,
- ein „Danke" für deinen Humor,
- ein „Danke", dass du Ruhe ins Team bringst,
- ein „Danke", dass du deine kontroverse Meinung mit uns geteilt hast, denn es bringt noch mehr Klarheit in diese Situation,

- ein „Danke", dass wir alle im Team unsere „Golden Rules" leben und von jedem im Team einfordern,
- ein „Danke", dass du Verantwortung für deine Arbeit und die Ergebnisse übernimmst…

Das kann so vieles sein!

Auch einem neuen Teammitglied gegenüber zu bekräftigen, wie bereits im Kapitel „Gestaltungsfreude aktivieren" beschrieben: „Es ist gut, was du hier miteinbringst. Ich bin froh, dass du da bist!"

In einem Projekt, das ich zuletzt geleitet habe, habe ich zu Projektende meinen Teammitgliedern eine Grußkarte mit persönlichen Dankesworten und eine Schokoladenspezialität aus meiner Heimatstadt per Post geschickt. Mir war es ein großes Anliegen mich auch auf diese Weise bei meinem Team zu bedanken, da wir gemeinsam durch dick und dünn gegangen waren und uns gegenseitig in jedem Moment tatkräftig unterstützt hatten. Dies war ein sehr positives Teamerlebnis für mich und mir selbst hat es große Freude bereitet, die kleinen Pakete an jeden zu versenden. Wir hatten rein virtuell zusammengearbeitet und uns kein einziges Mal während des Projektverlaufs physisch getroffen. Meine Teammitglieder hatten sich über dieses Dankeschön besonders gefreut.

Auch möchte ich gerne an dieser Stelle Beispiele von jenem Projektteam erzählen, das ich bereits in vorherigen Kapiteln erwähnt habe. Ich war die Projektleiterin und wir waren sechs Wochen vor unserem ersten GoLive Termin für ein neues, unternehmensweites Produktionssystem. Seitens der Geschäftsleitung bestand hoher Druck diesen Termin auf jeden Fall einzuhalten. Koste es, was es wolle. Ich bemerkte in unseren Teammeetings und in Einzelgesprächen wie die Anspannung und der Stresspegel immer mehr anstiegen. Ich nahm es auch an mir selbst wahr, wie gestresst und unter Druck ich mich fühlte. An einem Abend auf der Zugfahrt nachhause, hielt ich inne und stoppte die Beantwortung von E-Mails und Statuslisten. Ich spürte den Stress in meinem ganzen Körper und reflektierte die Teamsitzung, die an diesem Tag stattgefunden hatte. Alle im Team waren nach wie vor sehr engagiert und voll bei der Sache, um einen pünktlichen und reibungslosen GoLive sicherzustellen. Allerdings sah ich auch die angespannten, teilweise ängstlichen Gesichter meiner Teammitglieder vor mir. Der Humor und die Freude waren uns bei all dem Druck abhandengekommen. An diesem Tag wollte jeder so bald wie möglich unser Teammeeting wieder beenden, um an verschiedensten Dingen weiterarbeiten zu können, oder in die nächste Besprechung zu laufen. Kennst du solche Situationen aus deinem Projektalltag?

Ich fragte mich also in jenem Moment im Zug: „Was brauchen wir jetzt? Wie kommen wir aus dieser Hetze wieder heraus? Und zwar noch vor dem GoLive – denn dafür brauchen wir Ruhe, Fokus und einen kühlen Kopf! Was würde uns jetzt die größte Freude bereiten?" Und ich wusste es: Durchatmen. Und schon spann sich eine geniale Idee in meinem Kopf: Wir brauchten ein „Team Time-Out"! So nannte ich dieses Durchatmen. Ich schaute in unsere Kalender und fand einen halben Tag, wo die Wahrscheinlichkeit am höchsten war, dass wir diesen freibekommen würden. Ich überlegte mir, was wir für unser Team Time-Out gemeinsam unternehmen könnten und recherchierte verschiedene Möglichkeiten. Es sollte jedenfalls außerhalb des Büros sein!

Am nächsten Tag sprach ich mit den zuständigen Vorgesetzten meiner Teammitglieder und meinem eigenen Chef über meine Idee und die Notwendigkeit, dem Team eine Pause zu gönnen. Ich selbst war nicht sicher, ob sie diesem Vorhaben zustimmen würden so kurz vor einem extrem wichtigen GoLive Termin. Aber ich konnte die Dringlichkeit und unsere Team-Situation so überzeugend vermitteln, dass ich das OK dafür bekam! Ich freute mich riesig und informierte das Team über unsere gemeinsame Aktivität. Wir räumten unsere Kalender frei und ich ging in die Planung unseres Team Time-Out.

Was unternahmen wir? Zu Mittag an diesem Tag trafen wir uns in unserer Kantine und jede:r bekam ein Lunch-Paket. Dann machten wir uns zu Fuß auf den Weg in den weitflächigen Park der Stadt und suchten uns einen Platz für unser Picknick. Schon während unseres Fußmarsches merkte ich wie sich eine gelöste, heitere und lockere Stimmung ausbreitete. Jede:r freute sich auf unseren gemeinsamen Ausflug und die Möglichkeit, aus dem Büro zu kommen, um den Kopf „durchzulüften". Nach unserem Picknick spazierten wir in dem Park zu einem Aussichtsturm, von dem aus man einen wunderschönen Blick auf die Stadt und die Umgebung hatte. Als Vorbereitung auf unser Team Time-Out hatte ich jede:n im Team gebeten, ein Symbol für eine ihrer Superpowers mitzunehmen[3]. Nachdem wir den Ausblick genossen hatten, holten wir unsere Symbole hervor und tauschten aus, für welche Superpower dieses jeweils stand und warum diese wichtig war für unser Team. Dann bat ich alle, es sich noch einmal gemütlich zu machen oben auf dem Aussichtsturm, denn ich hatte vor, mit ihnen eine Meditation zu machen. Ich sagte ihnen, was ich nun vorhätte, und fragte sie, ob sie mitmachen wollten. Es kam allgemeine Zustimmung, und so führte ich sie in einer Meditation zu einem inneren Kraftort, den jede:r für sich visualisierte und dort für ein paar Minuten verweilte. Ich vermittelte ihnen, dass sie jederzeit in ihrer Vorstellung zu diesem Ort zurückreisen konnten, wenn sie sich während eines Tages ein paar Minuten Zeit dafür nahmen, um dort Kraft zu tanken und sich zu erholen. Dies konnten sie als Anker verwenden für die stressige Zeit, die nun vor uns lag.

Nach der Meditation waren alle erfrischt und in einer friedlichen und fröhlichen Stimmung. Wir machten uns auf den Weg, um das neu eröffnete Museum über Wasserwelten gemeinsam zu besichtigen. Auch dort hatten wir viel Spaß zusammen. Zum Abschluss gingen wir im Stadtzentrum in ein Café und ließen unser Team Time-Out ausklingen. Ich blickte in fröhliche, entspannte Gesichter und war so froh, dass ich mich für diesen halben Tag „Durchatmen" eingesetzt hatte und, dass es ein so schönes Team-Erlebnis gewesen war. Zu guter Letzt hatte ich für den Abschluss in einer Papeterie Karten besorgt in der Größe von Ansichtskarten. Auf jeder Karte stand ein anderer Spruch oder Slogan mit einem Bild oder einer Zeichnung dazu. Bevor wir uns alle verabschiedeten, durfte jeder eine Karte ziehen und nahm sie als Andenken mit. Auch da war noch einmal viel Freude, Neugier und Lachen zu sehen, wer welchen Spruch gezogen hatte und mit nachhause nahm.

Zwei Wochen später, wir waren emsig und fokussiert bei der Projektarbeit, installierte ich eine „Goody Box". Was war drinnen? Am Ende eines unserer Teammeetings bat ich jede:n auf Haftnotizen in kurzen

---

[3] Siehe Kap. 5

Worten aufmunternde Sätze zu schreiben und diese in die Goody Box zu werfen. Wenn jemand in den nächsten Wochen stärkende Worte brauchte, konnte er oder sie sich einen Zettel aus der Box fischen und sich so eine Aufheiterung gönnen. Auf den Zetteln standen verschiedenste Dinge: lobende Worte, ein Witz, eine Aufmunterung wie „Mach eine Pause" oder „Gehe eine Runde um den Häuserblock, um frische Luft zu schnappen", auch manche Lebensweisheit fand sich darauf und es war jedes Mal eine schöne Überraschung, wenn ein Teammitglied ein „Goody" aus der Box zog. Die Box stellten wir in unser Großraumbüro, wo wir als Team zusammensaßen.

Ich hoffe, du hast so ein paar Eindrücke und Inspiration bekommen, wie du Wertschätzung in deinem Team leben kannst. Und ich bin überzeugt, dir fallen noch viele weitere Möglichkeiten ein, wie du das umsetzen kannst!

Abb. 7.1 Gelebte Wertschätzung

Literatur

Gallup RT (2024) Entwickle deine Stärken. Campus, Frankfurt

8

Feiern und Reflektieren

Zusammenfassung Ich beschreibe das Feiern und Reflektieren als zentrale, menschliche Bedürfnisse, die in der Teamarbeit gestillt werden sollten, um von ihrer Kraft zu profitieren. Du bekommst zahlreiche Impulse dazu für die Umsetzung in deiner Berufspraxis. Auch erfährst du, wie damit Selbstverantwortung von jedem Teammitglied nachhaltig gelebt wird und der Team Spirit insgesamt gestärkt wird mittels einer fortlaufenden Methode, die ich vorstelle.

Wie kannst du die natürliche Kraft im Team erhalten? Durch das Feiern und Reflektieren.

Was meine ich damit? Jeder kleine Projektfortschritt wird begutachtet, gesehen, gewürdigt und reflektiert. Im Sinne von folgenden Fragen, die du im Team stellst:

- Wo stehen wir jetzt?
- Wer hat dazu beigetragen?
- Wie seid ihr vorgegangen?
- Wie sehr seid ihr selbst damit zufrieden?

- Wo hätte es leichter, anders oder besser laufen können?
- Ist da noch Nachbesserungsbedarf?
- Was ist die Quintessenz, die ihr für euch zieht?

In deiner Leitungsfunktion als Team- oder Projektleiter:in schlüpfst du hier in die Rolle einer interessiert fragenden Person im Gegensatz zu strengen und nüchternen Fragen nach einer „nackten" Controlling-Manier. Das geht natürlich auch. Du kannst auch anhand von strengen (Projekt-) Controlling-Vorgaben fragen, es ist jedoch um einige Grade nüchterner und für alle Beteiligten weit nicht so freudvoll. Weder für den oder die Fragesteller:in, noch für jene, die danach gefragt werden.

Mit Fragen, wie oben beschrieben, kommst du in ein ganz anderes Fahrwasser hinein! Hier wird die WIR-Intelligenz des Teams aktiviert. Die Teammitglieder werden dazu angeregt ihr Vorgehen und ihre Ergebnisse selbst zu reflektieren auf eine stärkende, nach vorwärts gerichtete Art und Weise. Und damit wird automatisch auch erneut ihre Selbstverantwortung aktiviert.

> **Um diese Selbststärkung und Selbstverantwortung immer wieder neu zu beleben, stellst du diese Fragen!**

Dadurch wird der Team Spirit, die WIR-Kraft, und das Knowhow im Team, immer wieder aktiviert und abgerufen! Hier liegt ein unglaubliches Potenzial verborgen. Nutze es durch das Stellen von Fragen. Natürlich gibst du als Führungskraft auch Ziele vor. Aber wie erreichst du gemeinsam im Team diese Ziele? Indem du Fragen stellst wie:

- Wie weit seid ihr mit diesem (Teil-) Ergebnis zufrieden?
- Wie kann es euch gelingen, noch leichter voranzukommen?
- Was muss an Rahmenbedingungen noch geschaffen werden? Wie könnt ihr dafür sorgen?
- Wie können andere vielleicht miteinbezogen werden?
- Wer sorgt dafür? Wer kümmert sich darum?

Das sind alles offene Fragen! Und davon wird manches in der Verantwortung der Führungskraft selbst liegen und manches oder das meiste in der Verantwortung des Teams. Im Grunde ist es ein immer wieder Aktivieren von: „Wie machen wir es denn am besten hier?"

Das ist das absolute Gegenteil von einer Jammer-Kultur, in der es oft darum geht, was nicht voran geht und wo eine andere Abteilung dieses oder jenes besser machen hätte sollen. Was bringt das Jammern und der Fokus auf „die anderen hätten sollen"? Schlechte Stimmung und miese Laune. Und das Potenzial der WIR-Kraft und der Selbstverantwortung versickert im Boden der ungenützten Möglichkeiten.

Wenn du denselben Dialog mit deinem Team führst, jedoch Fragen stellst wie „Wie zufrieden seid ihr mit dem, wie ihr vorangekommen seid? Was wäre noch hilfreich und nötig, um einfacher voranzukommen?" Und dein Team antwortet: „Die anderen[1] sollen noch dieses und jenes liefern." Dann frage: „Ok, wie können wir das bewerkstelligen? Wie können wir es den anderen leicht machen, dass wir es von ihnen noch einfacher bekommen?" Und hier könnten verschiedene Vorgehensweisen eine Option sein: als Projektleiter:in mit den Vorgesetzten der benachbarten Teams oder Abteilungen zu sprechen, bilaterale Gespräche zwischen den unterschiedlichen Teammitgliedern zu führen etc. Zum Abschluss einer solchen Reflexionsrunde, ich nenne diese Art von Teamsitzungen gerne „Team Reviews", frage dein Team: „Und gibt es sonst noch etwas, was wir tun können? Wie können wir es uns so gestalten, dass wir es alle miteinander leichter haben und leicht vorankommen?"

Hierdurch rutscht ihr nicht in ein Klima ab von „die Doofen und wir!". Es wird keine „Schwarze-Peter-Karte" herumgereicht. Denn sich zu beschweren, kann ganz schnell passieren: „Es liegt an diesem und jenem und daran." Und das erzeugt schlechte Stimmung und eine unangenehme Arbeitsatmosphäre. Das ist in etwa so wie bei dem Beispiel von der Mondlandung[2]: Wenn der Astronaut, der die Mondlandung macht, sagt: „Ach, ich will hier nicht raus, da draußen stinkt's! Ich weiß,

---

[1] Gemeint: benachbarte Teams.
[2] Siehe Kapitel Kap. 4

wie die Luft hier drinnen ist und da draußen stinkt's bestimmt!". Dadurch würdet ihr euch selbst die Lust und Freude an der Zusammenarbeit verderben.

> Fragen zu stellen ist das Medium einer erfolgreichen und glückreichen Führungskraft, sei es in einer Teamleitung oder Projektleitung. In den Fragen liegt eine Aktivierung des stärksten Potenzials aller Teammitglieder!

Fragen helfen dir, das stärkste Potenzial in jedem Teammitglied zu aktivieren und damit auch im Team insgesamt diese WIR-Intelligenz zu entfesseln! Und es ist eine etwas andere Vorgehensweise als das „Schema F" (die übliche Vorgehensweise). Im Grunde genommen hast du auch ein Controlling des Leistungsfortschritts gemacht, aber es ist eine offene Atmosphäre, die zum Reflektieren, zum Nachdenken und zur Sorgfalt einlädt – und zum „Um-die-Ecke-denken". Du beleuchtest, was bisher noch unberücksichtigt blieb, noch „mit auf den Schirm zu nehmen" und auf die Agenda zu bringen. Und dadurch wird das Ergebnis umso tragfähiger. Du gibst dadurch das Signal: **„Wir als Team sind immer offen für die besten Ideen!"**

Das gemeinsame Reflektieren in dieser belebenden Atmosphäre, die immer wieder alle Denkräume offen lässt und zulässt, erzeugt ein Klima, wo die Mitarbeitenden sagen: „Ich gehe da gerne hin, weil das hilft mir! Da wird wirklich etwas bewegt und gesehen, was wir geleistet haben." Im Gegensatz zu: „Ich muss da Rapport ablegen und vielleicht ein bisschen beschönigen, und hoffentlich bekomme ich keine auf den Deckel" oder: „Mal schauen, wie ich die Schwarze-Peter-Karte hier in Umlauf bringe."

> Das gemeinsame Reflektieren mit Denkräume öffnenden Fragen birgt unglaublich viele Schätze der WIR-Kraft, des Team-Spirits, in sich! Allein die Frage: „Wie zufrieden seid ihr/bist du mit dem Fortschritt?" – ist aus der Sicht des Teammitglieds schon so etwas wie: „Das Ergebnis liegt auf meiner Seite und ich muss und will auch dazu beitragen, dass es gut wird!"

Und natürlich darf das Würdigen nicht vergessen werden! Die „heilige Pflicht" der Führungskraft ist einerseits das gemeinsame Reflektieren,

d. h. das Fragen danach: „Wie zufrieden bist du mit dem Fortschritt?" Und es geht hier in keinster Weise um eine „Schuld-Frage" im Sinne von: „Wie weit bist du denn schon gekommen?"

Wenn in einem Team Review klar wird, dass diese oder jene Arbeit noch unter dem „Soll" liegt und das Teammitglied meint: „Ja, ich wäre da gerne schon weiter und es hat nicht wie geplant auf diese Art und Weise funktioniert." Dann kannst du in deiner Rolle als Projekt- oder Teamleiter:in den Fokus darauf richten: „Was ist dir denn bisher gelungen? Und was hat dir geholfen, das, was bereits schon da ist, hervorzubringen? Welche Ressourcen hast du von dir dafür eingesetzt? Welche Fähigkeit, welches Talent ist hier wirksam und sichtbar geworden?" So wird dem Teammitglied durch diese Art von Fragen klar: „Ja, ich hätte meine Superpowers hier und dort noch mehr einsetzen können. Diesen oder jenen Kollegen noch hinzuziehen können." Und du fragst: „Ok, wie kann dir das gelingen, und wie kann ich dich und können wir als Team dich dabei unterstützen?" Das erzeugt eine riesige Schubkraft nach vorne!

Und andererseits ist es auch die „heilige Pflicht" der Führungskraft, die Aufmerksamkeit darauf zu lenken, was das Teammitglied kann und was es bereits erreicht hat. Das rutscht uns zu oft durch: der Blick darauf und das Würdigen dessen, was wir bereits erreicht haben. Das ist der Aspekt der Würdigung und des Feierns!

Wir sind in einer Kultur groß geworden und haben sie mitgepflegt, in der vor allem darauf geschaut wird: „Was fehlt noch?" Als zu schauen: „Was habe ich schon eingebracht? Was hat mir geholfen das wirksam werden zu lassen, was sich bereits als Ergebnis oder Teil-Ergebnis zeigt?"

Was ist denn schon erreicht? Das ist erneut die Sicht auf das halbleere oder das halbvolle Glas. Und es ist wichtig zu schauen und zu würdigen, was denn schon alles in dem halbvollen Glas enthalten ist. Und das gemeinsam anzusehen! Das bestärkt erneut das Feld der WIR-Kraft! Hier wird eine pure Lebendigkeit geweckt in alle Richtungen: dahin, was noch zu tun ist und dahin, was bereits erreicht wurde, was schon da ist als Ergebnis und was sich bereits manifestiert hat. Und das kann mit drei einfachen Fragen geschehen.

> **Tipp: Selbststärkung immer wieder neu beleben**
>
> Wenn ein Teammitglied gerade darüber berichtet, was schon gelungen und erreicht ist, dann stelle die folgenden Fragen:
>
> - Wie findest du das selbst?
> - Wie finden das die anderen im Team?
> - Wie findest du das in deiner Rolle als Führungskraft, z. B. als Projektleiter:in?
>
> **Es sollte immer von drei Seiten diese Würdigung erfolgen!**

Das klingt fast ein bisschen übertrieben, aber es bedarf manchmal nicht mehr als ein Satz wie: „Super, weiter so!", „Ihr seid großartig!", „Tolles Ergebnis!"

> Das stärkt jede:n einzelne:n und alle im Team! Es kommt zur Sprache!

Das ist wie im Liebesleben: wenn du den anderen würdigst und feierst, erlischt die Liebe nicht zwischen dir und deiner Partnerin bzw. deinem Partner. Denn sie wird in ihrer Lebendigkeit erhalten!

8.1 Die Kraft der Reflexion

Ich bin ein großer Fan von Retrospektiven und kann den Mehrwert, den ich dadurch gewinne, nicht oft genug hervorheben. Und ich möchte dich gerne inspirieren mit verschiedensten Beispielen aus meiner Praxis. Es ist für mich zu einer gewissen Regelmäßigkeit geworden, Dinge Revue passieren zu lassen und zu reflektieren – individuell und gemeinsam. Anders ausgedrückt: in regelmäßigen Abständen innezuhalten, um eine Retrospektive durchzuführen, sei es beruflich oder privat, ist für mich ein absoluter Gewinn! Und damit nicht auf das Jahresende, auf das Ende eines Projekts oder ein bestimmtes Team-Event zu warten.

Warum? Weil wir dabei so viel lernen und gewinnen können. Lernen über uns selbst und unseren Weg: Passt der Kurs noch für uns, den wir eingeschlagen haben? Oder brauchen wir eine Kurskorrektur? Und ein Gewinnen an Erkenntnissen und Einsichten. Denn gerade in der Anpassung unseres Kurses können wir besonders viele Erkenntnisse über unseren bisherigen Weg sammeln. Und dabei mit dem „Flow" zu gehen, ist ein besonders großes Geschenk: Auch wenn es auf den ersten Blick bei manchen Dingen nicht einfach scheint, loszulassen und Neues willkommen zu heißen, kann es unglaublich befreiend sein! Und das erkennen wir oft erst retrospektiv, d. h. in einer Rückschau.

Die folgenden Retrospektiven eigenen sich sowohl zur Selbst-Reflexion als auch als gemeinsame Reflexion mit deinem Team:

Reflexion: Was kannst du / könnt ihr bereits ernten?
- Wie sind die letzten Wochen, Monate gelaufen?
- Was hat sich alles ereignet?
- Was hat sich an Neuem eröffnet oder an bestehenden Dingen verabschiedet?
- Sind alle eure Samenkörner aufgegangen, die ihr dieses Jahr bereits gesetzt habt?
- Und wenn manche nicht aufgegangen sind, wo liegt darin der Gewinn?
- Welche Früchte könnt ihr früher als gedacht ernten?
- Welche Ernte habt ihr in den vergangenen Wochen bereits eingefahren?

Vielleicht möchtest du für dich und danach mit deinem Team gemeinsam reflektieren, was ihr in den letzten Wochen ernten konntet? Und was ist euch nicht mehr dienlich und wollt ihr verabschieden? Ich empfehle euch: Schreibt alles auf und visualisiert die Ergebnisse eurer Reflexion. Denn so werden die bisherigen Ergebnisse, Erkenntnisse aus der vergangenen Zeit und eure nächsten Schritte umso klarer und deutlicher sichtbar.

> **Jahres-Reflexion**
>
> Ich nehme mir jedes Jahr zu Jahresende die Zeit, um eine Rückschau zu halten. Ergreifst du die Gelegenheit, zurückzublicken?
> - Wie ist es bei dir gelaufen?
> - Schaust du zufrieden zurück?
> - Welche Erkenntnisse hast du gewonnen?
> - Was hast du losgelassen?
> - Was hast du lernen dürfen?
> - Was hat dich wachsen lassen?
> - Was hat dich begeistert?

Auch hier empfehle ich dir: Schreib alles auf! Am besten verwendest du dafür einen großen Bogen Packpapier oder ein Flipchart. Sobald du alles aufgeschrieben hast, hast du das gesamte Bild vor Augen und es wird sich zu hoher Wahrscheinlichkeit ein Wow-Effekt bei dir einstellen: „Wow, das habe ich alles erreicht? So vieles habe ich dieses Jahr gelernt und an Erkenntnissen gewonnen! Was für eine Bereicherung!"

In meinen Projektteams verwende ich sehr gerne die folgende Methode. Ich erstelle einen „Stimmungsbarometer" mit dem Team. Dazu visualisiere ich anhand einer Skala mögliche Aspekte unserer Stimmung – z. B. anhand von Smilies, wo das oberste Ende der Skala ein glückliches Smiley darstellt und das unterste Ende ein trauriges, wütendes oder deprimiertes Smiley zeigt. Auch könntest du diese Skala veranschaulichen durch unterschiedliche Temperaturwerte oder Wetterbedingungen. Hier sind eurer Kreativität keine Grenzen gesetzt. In regelmäßigen Abständen, zum Beispiel beim wöchentlichen Teammeeting oder beim monatlichen Team Review, verwendet ihr euren Stimmungsbarometer, indem ihr eine neue Spalte eintragt, mit dem aktuellen Datum versieht und dann auf der Skala eure jeweilige Stimmung markiert. Das kann anonym passieren oder für alle im Team sichtbar – je nachdem in welchem Ausmaß ihre eure Offenheit im Team bereits lebt.

Ich liebe diese Methode, denn sie ist so einfach und geht so schnell. Und vor allem: ihr seht innerhalb weniger Augenblicke, „was Sache ist", d. h. wie es um euer Team steht – sowohl auf inhaltlicher Ebene

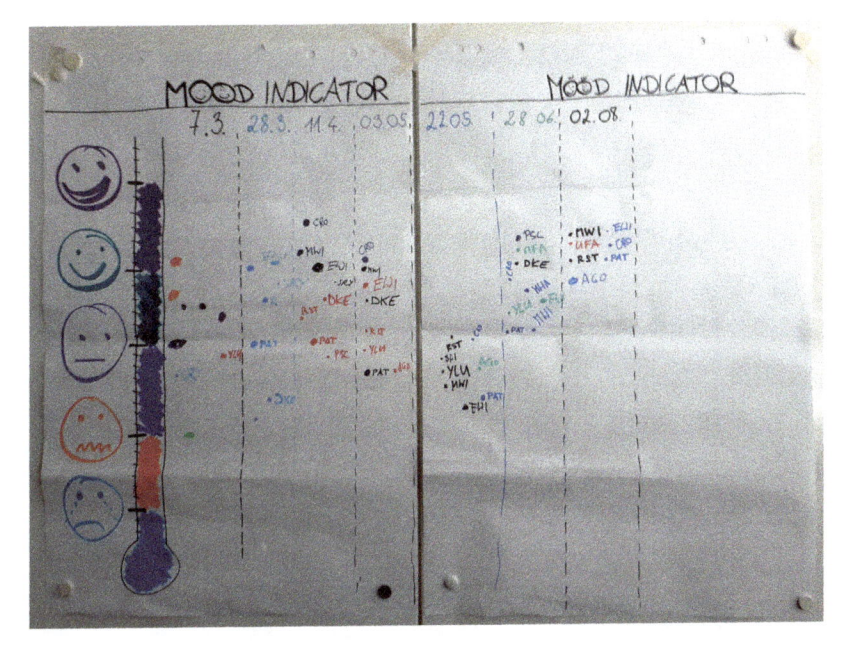

Abb. 8.1 Stimmungsbarometer über den Projektverlauf. (Mit freundlicher Genehmigung von © Tamedia AG 2024. All Rights Reserved)

als auch auf zwischenmenschlicher Ebene. Natürlich könntet ihr diese beiden Ebenen auch noch separat abfragen und visualisieren, ich halte es jedoch meist einfach, denn die Aussagekraft bleibt die gleiche. Und sobald ihr das entstandene Bild gemeinsam betrachtet habt, kann nun jedes Teammitglied, das möchte, seine Stimmung kommentieren und erläutern. Und als Projekt- oder Teamleiter:in stellst du Fragen dazu wie: Was braucht es jetzt, um die nächsten Schritte gehen zu können, die vor uns liegen? Wo gibt es mit wem Abstimmungsbedarf? Was kannst du tun und was können wir tun, damit deine Stimmung besser wird? etc. Ihr wisst meist innerhalb von 10 Minuten wie es um euer Projekt und eure Teamarbeit steht. Deswegen setze ich diese Methode so gerne ein, da sie simpel ist mit großer Wirkung. Du siehst zwei unterschiedliche Beispiele in den Abbildungen Abb. 8.1 Stimmungsbarometer über den Projektverlauf und Abb. 8.2. Stimmungsbarometer in einem Workshop.

Abb. 8.2 Stimmungsbarometer in einem Workshop. (Mit freundlicher Genehmigung von © Tamedia AG 2024. All Rights Reserved)

Aufgrund der verstärkten virtuellen Zusammenarbeit in den letzten Jahren sind zahlreiche, zum Teil sehr kreative Formen an Retrospektiven entstanden. Du kannst hier mit deinem Team aus einem riesigen Pool an vorhandenen Ideen schöpfen.

5-Finger-Retrospektive

An dieser Stelle möchte ich eine Form der Retrospektive erwähnen, die ich sehr gerne verwende in Projekten, Trainings oder Coachingsitzungen (in Anlehnung an die Fünf-Finger-Methode (Bohinc 2023)):

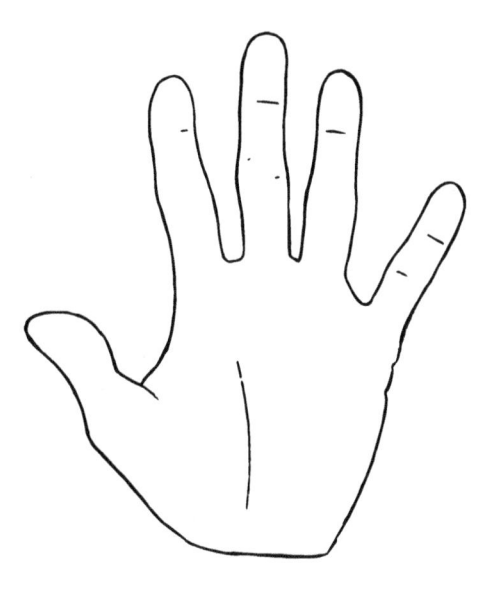

5 Finger Retrospektive

- Daumen: Was fand ich super?
- Zeigefinger: Worauf möchte ich hinweisen?
- Mittelfinger: Was ist nicht gut gelaufen?
- Ringfinger: Was möchte ich beibehalten?
- Kleiner Finger: Was ist zu kurz gekommen?

8.2 Die Kraft des Feierns

Ereignisse zu würdigen, indem wir sie feiern, birgt für mich eine große Kraft. Das können Geburtstage im Team sein, das Willkommenheißen eines neuen Teammitglieds oder auch das Verabschieden, das Feiern von Zwischen-Ergebnissen und natürlich das Feiern eines erfolgreichen Projektabschlusses. In einigen international bekannten Unternehmen hat sich auch das Feiern von Fehlern und Misserfolgen etabliert, um im Scheitern die positiven Aspekte zu sehen und das Lernen daraus anzustoßen, sowie über Abteilungsgrenzen hinweg dieses Wissen zu teilen. Ebenso hat sich ein globaler Trend etabliert in Form von „Fuckup

Nights" mit der Absicht Misserfolge aus den verschiedensten Lebensbereichen, also auch aus dem beruflichen Umfeld, miteinander zu teilen und die Erkenntnisse und Lerneffekte daraus zu zelebrieren.

Dafür könntet ihr auch eine „Golden Rule" formulieren im Sinne von „Wir sorgen für ein angenehmes Umfeld und feiern unsere Erfolge – kleine und große." Und der Wert, der dieser „Golden Rule" zugrunde liegt ist die Freude.

> Wenn jeder, auch kleine, Projektfortschritt von euch gesehen, begutachtet, gewürdigt und gefeiert wird, setzt das immer wieder die Freude frei in eurem Team. Und es ist eine geteilte Freude! Das macht euch als Team unglaublich stark, da es euren Team Spirit stärkt.

Und für das Feiern und Würdigen braucht es nicht viel. Natürlich ist es auch schön für einen größeren Erfolg, zum Beispiel einen Projektabschluss, eine Feier, eventuell in einem größeren Rahmen, mit einem gemeinsamen Essen, zu organisieren. Aber in der Essenz ist es am wichtigsten, dass die Erfolge, große und kleine, gesehen und angesprochen werden. Dass ihr euch die Zeit nehmt und kurz innehaltet, um zu würdigen, welche Ergebnisse im Team bereits erzielt wurden. Das geht einfach und unkompliziert. Ihr könnt dies als Agenda-Punkt in euer regelmäßiges Teammeeting aufnehmen und zum Beispiel auf einem Flipchart die letzten Erfolge sammeln und für alle sichtbar machen. Und dadurch kommen vielleicht noch weitere kleine Erfolge dazu, die sonst vielleicht unter den Tisch gefallen wären.

Ich binde dieses Feiern von Erfolgen sehr gerne in Team Reviews ein, die ich durchführe, wenn ich zum Beispiel ein Projekt leite. In Abständen von rund 6–8 Wochen kommen wir zusammen, um die aktuellen Ergebnisse gemeinsam zu reflektieren, offene Themen und kritische Punkte zu besprechen und den Weg, den wir bis hierher gegangen sind, zu würdigen. Dafür verwende ich am liebsten Pinnwände, Flipcharts oder Whiteboards, um all das zu visualisieren und stelle dann auch eine Frage wie „Welche Ressourcen haben uns dabei geholfen die aktuellen Ergebnisse zu erreichen?" Und da werden vom Team unterschiedlichste Punkte gelistet wie: Priorisierung von Tasks, Vertrauen, gute

Abb. 8.3 Team Review Beispiel 01. Mit freundlicher Genehmigung von © Tamedia AG 2024. All Rights Reserved

Beziehungen zu den Abteilungen XY, unsere Gesundheit, Wissen und Wissenstransfers, Erfahrung, offene Kommunikation mit allen unseren Stakeholdern, Transparenz, Vorbereitung von Meetings, Trainings, Empathie, regelmäßig Abstand zu gewinnen, Fokus auf Lösungen, ein offenes Mindset, ein „Lessons Learned Review" etc. Beispiele, wie so etwas aussehen könnte, findest du in den Abbildungen Abb. 8.3 Team Review Beispiel 01 und Abb. 8.4. Team Review Beispiel 02.

Hier finden sich einerseits Superpowers des Teams wieder und andererseits viele weitere Aspekte an Methoden oder Vorgehensweisen, die im Team gewählt wurden, um zu den bisherigen Projektergebnissen zu gelangen. Und als wir in obigem Beispiel als Projektteam damit fertig waren alle Zwischenergebnisse und Ressourcen zu sammeln und auf dem Whiteboard zu visualisieren, haben wir alle gestaunt! „Wow, wir haben doch schon einiges erreicht! Und so Vieles hat uns dabei geholfen, damit wir bereits so weit kommen konnten!"

Abb. 8.4 Team Review Beispiel 02. Mit freundlicher Genehmigung von © Tamedia AG [2024]. All Rights Reserved

Zu oft sind wir getrieben vom Alltagsgeschehen in der Projekt- und Teamarbeit und nehmen uns viel zu selten die Zeit für solche Art von Reviews, um das „halbvolle Glas", d. h. das bereits Erreichte, sichtbar zu machen und zu würdigen. Und da reicht auch ein sich gegenseitig auf die Schultern klopfen und ein Lob und Anerkennung wie „Gut gemacht!" oder „Ihr seid super!" Aber es muss passieren! Sonst bleibt so viel natürliche Kraft in Form von Freude und Begeisterung „auf der Straße liegen", geht unter und verpufft im alltäglichen Stress und Druck.

Ich bin davon überzeugt, dass das Feiern und Reflektieren tief in uns verankert ist und dass es ein zutiefst menschliches Bedürfnis ist, das gelebt werden will. Für mich sind es Rituale, die ein Team bzw. den Zusammenhalt eines Teams immens stärken! Wir sehen diese Formen von

Ritualen in allen Ländern und Kulturen dieser Erde. Also warum nützen wir diese Kraft nicht häufiger und ganz bewusst, um ein freudvolles und angenehmes Arbeitsumfeld zu schaffen und unsere WIR-Kraft regelmäßig zu beleben und zu pflegen? Warum nicht mehr Dinge, die uns guttun, in unser Berufsleben einbauen? Auch hier kann ich dir sehr ans Herz legen das Feiern und Reflektieren auszuprobieren, zu erweitern und zu gestalten – und wünsche dir, dass du mit deinem Team euren eigenen kraftvollen und freudvollen Weg findest!

Wie bereits beschrieben: Ich bin ein Fan davon, jeden Tag zu feiern, zu ehren und zu achten. Und nicht nur die Samstage, Sonntage und freien Tage, wenn wir nicht unserem Beruf nachgehen. Denn jeder Tag birgt etwas so Kostbares in sich und verdient unsere volle Achtung und Aufmerksamkeit. Jeder Tag will neu gelebt werden!

Feiern und Reflektieren

Literatur

Bohinc T, Dr (2023) Achtsamkeit. https://www.projektmagazin.de/glossarterm/achtsamkeit. Zugegriffen: 30. Jan. 2024

9

Golden Rules für dich und dein Team

Zusammenfassung Du erfährst, warum das Wissen und Leben deiner eigenen „Golden Rules" in deinem Berufsleben einen wesentlichen Unterschied macht. Ich beschreibe mit Beispielen und Methoden, wie du das Spielfeld deines Teams gestalten kannst und ihr euch als Team die Zusammenarbeit „vergolden" könnt. „Golden Rules" bilden eure unabdingbare Basis für ein erfolgreiches Miteinander und den Nährboden, auf dem jedes Teammitglied in der eigenen Kraft und Stärke erblüht. Mit einem konkreten Praxisbeispiel veranschauliche ich diese Vorgehensweise.

Was sind die „Golden Rules" der Zusammenarbeit in Teams? Wie „vergoldet" ihr als Team eure Zusammenarbeit und, im wahrsten Sinne des Wortes, auch eure Ergebnisse? Hier geht es um die Basis jedes Teams. Als Analogie möchte ich gerne erneut auf die Welt des Sports zurückgreifen: Wie sieht euer gemeinsames Spielfeld als Team aus? Und jenes zu anderen Teams und Abteilungen? Habt ihr mit benachbarten Teams gemeinsame Spielfelder, oder sind diese sehr deutlich voneinander abgegrenzt – d. h. es gab kein gemeinsames Spielfeld bisher? Hier könnt ihr mit „Golden Rules" die Basis schaffen.

Die Frage, wie das Spielfeld meines Teams aussieht, stellte ich mir erstmals vor mehreren Jahren als ich ein Erlebnis mit einem Teammitglied hatte, das ich neu für mein Team eingestellt hatte. Ich war überzeugt davon, dass diese Person optimal in unser Team passen würde und war voller Vorfreude darauf, in einer neuen Formation gemeinsam Großartiges zu schaffen. Innerhalb weniger Tage stellte sich das genaue Gegenteil heraus und wir mussten uns wieder voneinander trennen. Dieses Erlebnis war für mich ein Wendepunkt und ein Schlüsselerlebnis zugleich. Ich konnte es selbst noch nicht fassen, wie schnell sich die Teamsituation wieder geändert hatte und stellte mir die Frage: „Was war schief gelaufen?" Die Zusammenarbeit hatte überhaupt nicht funktioniert im Team. Erst durch das miteinander Arbeiten stellte sich heraus, dass wir sehr unterschiedliche Werte lebten. Dies hatte sich in all den Gesprächen vor der Einstellung ganz anders dargestellt – bzw. wollte ich es vielleicht anders sehen? Nun wurde mir umso klarer, dass dies eine essenzielle Voraussetzung war: Die zugrunde liegenden Werte müssen zusammenpassen. Diese Situation hatte mich dazu aufgefordert, mir meiner eigenen Werte noch stärker bewusst zu werden, indem ich sie für mich reflektierte und klar formulierte.

> Auf welchen Werten wollte ich eine Zusammenarbeit in meinem Team basieren und gemeinsam gestalten? **Die Basis muss stimmen.**

Ab diesem Zeitpunkt hatte ich meine „Golden Rules" für mich als „Must-Haves" für die Zusammenarbeit definiert. Von da an lebte ich in all meinen unterschiedlichen Rollen – sei es in einer Leitungsfunktion, als Coach, als Teammitglied – diese Werte. Sie wurden für mich eine unverrückbare Voraussetzung für ein freudvolles und kraftvolles Miteinander. Die Basis muss stimmen UND ich bin in jeder Art der Zusammenarbeit, mit Teams oder Einzelpersonen, stets dazu aufgefordert, einerseits das Miteinanderarbeiten zu prüfen basierend auf meinen eigenen Werten und andererseits gemeinsam „Golden Rules" zu gestalten und zu etablieren. Warum?

> Mir wurde bewusst, dass ich nur dann meine Natürlichkeit leben kann und authentisch agiere, meine volle Kraft und Superpowers einbringen kann, und die besten Leistungen erziele, wenn gemeinsame Werte in der Zusammenarbeit gelebt werden, die stimmig sind mit meinen eigenen Werten. Das bedeutet nicht, dass es immer 1:1 dieselben Werte sein müssen, sondern dass ich mich dadurch nicht verbiegen muss oder meine Authentizität nicht leben kann.

9.1 Ein gemeinsames Spielfeld etablieren

Wir alle benötigen eine gemeinsame Basis an übereinstimmenden Werten mit unserem Team, damit wir Vertrauen fassen und uns öffnen können. Denn erst durch dieses „sich Öffnen" kommen all unsere Potenziale zum Vorschein. Und dadurch werden die Gestaltungsfreude und Umsetzungskraft jedes einzelnen automatisch aktiviert und der Team Spirit, der jedem exzellenten Team inne wohnt, kann entfesselt werden. Gemeinsame Werthaltungen sind ein hervorragender „Klebstoff" als Basis für dein Team. So öffnet sich das Team für ein gemeinsames Wirken, in dem jeder in seiner Natürlichkeit da sein kann. Jedes Teammitglied bekommt dadurch implizit die Erlaubnis, sich für seine natürlichen Superpowers, d. h. für die eigenen Stärken und Potenziale, die ohnehin in jedem von uns geborgen sind, zu öffnen und sie in die gemeinsame Arbeit einfließen zu lassen. Dadurch stellt implizit jedes Teammitglied seine Superkräfte dem Team zur Verfügung und sie kommen zum Einsatz für ein kongeniales Zusammenwirken.

Vielleicht denkst du jetzt: „Das ist ja alles schön und gut, wenn man in einer Leitungsposition ist. Da kann man gewisse Parameter, bestimmte „Team Rules", festlegen. Aber was kann ich denn als Teammitglied schon bewirken?"

Und hier besteht meines Erachtens ein großer Irrtum:

- Jede:r im Team ist mit seiner und ihrer vollen Wirkkraft im Team vertreten.

- Jede:r im Team kann diese Wirkkraft voll und ganz einsetzen und zur Geltung bringen.
- Jede:r im Team hat die Möglichkeit und die Chance für die eigene Gestaltungsfreude und Gestaltungskraft einzustehen.
- Jede:r im Team kann einen wesentlichen Beitrag dazu einbringen, dass der Team Spirit voll und ganz zu seiner Entfaltung kommt und dadurch jede Person im Team ihre vollumfängliche Natürlichkeit leben kann.

> Und hier liegt das Wesentliche zugrunde: all diese Punkte sind nicht nur Möglichkeiten und Chancen für ein gemeinsames Handeln im Team. Es ist die **Verantwortung jedes Teammitglieds** diese Aspekte zu leben und diese auch von den anderen im Team, inklusive der Leitung des Teams, einzufordern. Das bedeutet für mich **gelebte Selbstverantwortung und Selbstermächtigung im Team.**

Raus aus der Opfer-Haltung von „Die Teamleitung gibt ja alles vor und ich kann nichts machen und muss mich an dieses und jenes halten. Die anderen in meinem Team sind keine Teamplayer. Was sollen wir da schon als Team Großartiges bewirken?"

Sobald die Selbstverantwortung aktiviert ist, können WIR-Intelligenz und Team Spirit entfesselt werden. Und wenn du das einmal in einem Team erlebt hast, hautnah mitbekommen hast, wie es ist, diese WIR-Kraft gemeinsam zu entfesseln und zu leben, wirst du nichts Anderes mehr in der Zusammenarbeit akzeptieren wollen. Dann wird es für dich keine Kompromisse mehr geben. Und du wirst für deine Werte und „Golden Rules" einstehen und in jeder Zusammenarbeit mit neuen Personen und Teams diese Basis einfordern wollen.

> **Wichtig: Eine gemeinsame Basis schaffen**
> Du trägst dazu bei, dass diese Basis geschaffen wird von:
> - Wie können wir im Team am besten zusammenarbeiten?
> - Was braucht jede:r einzelne von uns, um sich bestmöglich entfalten zu können?
> - Wie kann jede Person ihr Bestes einbringen, damit unsere Zusammenarbeit zum Erfolg aller und zur erfolgreichen Erreichung unserer Ziele beiträgt?

Dadurch kann jede und jeder im Team in seiner und ihrer Natürlichkeit da sein. Niemand muss sich verstellen oder verbiegen. Es gibt kein „Hinten-herum-Gerede" über den Chef, die Chefin oder die Teammitglieder. **Dadurch wird ein Nährboden gelegt und geschaffen, auf dem jede:r in der eigenen Kraft und Stärke voll erblüht.** Und die Freude in jedem Teammitglied wird geweckt, alle anderen im Team bestmöglich dabei zu unterstützen, in ihrer Kraft voll und ganz da zu sein und zu wirken. Die Begeisterung an der Zusammenarbeit wird entfacht und als unglaubliche Kraft erlebt. Ein frischer Wind kommt auf und bricht alte Muster und Verhaltensweisen auf – und somit entwickelt sich ein gesundes und kraftvolles Klima. So wird Team Spirit gelebt. So wird WIR-Kraft gelebt. Und so wird die WIR-Intelligenz angezapft.

> **Reflexion: Golden Rules**
>
> Nun möchte ich dich zu einer Selbst-Reflexion einladen, so wie ich es vor mehreren Jahren sehr bewusst und klar für mich selbst gemacht hatte: Was sind deine „Golden Rules" der Zusammenarbeit? Auch wenn du meinst, du kennst deine Werte bereits, kannst du diesen Moment dafür nutzen, um in einem ersten Schritt deine Werte aufzuschreiben und zu prüfen, ob diese nach wie vor stimmig für dich sind.
>
> Und in einem zweiten Schritt reflektiere deine aktuellen Arbeitsbeziehungen anhand deiner Werte, um Klarheit zu erhalten, ob diese Beziehungen derzeit gut für dich passen, z. B. im Hinblick auf einen respektvollen Umgang miteinander, eine offene Kommunikation, usw.:
> - Was sind deine „Golden Rules"? Wie würdest du sie beschreiben?
> - Welche Umgangsformen lebst du implizit oder explizit bereits in der Zusammenarbeit mit deinem Team, deinen Kolleg:innen, Vorgesetzten und Kund:innen? Und sind diese stimmig mit deinen „Golden Rules"?

Klarheit zu den eigenen Werten und „Golden Rules" zu haben, ist für mich ein sehr wichtiger und Freude bringender Aspekt! Warum? Wenn wir uns innerlich darüber im Klaren sind,

- wie wir den Umgang mit anderen gestalten wollen,
- wie wir in einen Austausch mit anderen gehen möchten,
- wie wir mit anderen zusammenarbeiten möchten,

werden wir dies auch im Außen erleben. Denn so oft habe ich es selbst erlebt und erlebe es auch heute so: **Unser Arbeitsumfeld ist ein Spiegelbild unserer inneren Erlebniswelt.** Wenn du dir deiner wesentlichen Werte und deiner „Golden Rules", bewusst bist und sie lebst, wirst du sie auch im Außen erfahren, weil du die Verantwortung dafür übernimmst solch ein Umfeld mitzugestalten.

Ein Beispiel: Wenn dir ein respektvoller und wertschätzender Umgang sehr wichtig ist und du diesen auch pflegst mit deinen Mitmenschen, wirst du selbst ebenfalls Respekt und Wertschätzung erfahren. Dadurch, dass du eine gesunde, arbeitsfähige Basis durch gemeinsame „Golden Rules" schaffst, wird in deinem Team dieser freie Raum[1] für die inneren Impulse geschaffen. Bildlich gesprochen: Das ist der Nährboden, wo kleine Samenkörner als Pflanzen sprießen, wachsen und gedeihen können. Wo etwas Neues entstehen kann im Sinne einer neuen Art des Zusammenarbeitens, einem Aktivieren und Einbringen all eurer Superpowers, einem gemeinsamen Wachsen mithilfe eures Team Spirits, neuer Ideen, Herangehensweisen, Lösungen und neuer Denkräume.

Wie im Fußball braucht es auch in der Zusammenarbeit in Teams bestimmte Regeln wie: „Gelbe Karte", „Rote Karte", „Platzverweis". Damit sichergestellt werden kann, dass die 90 Minuten im Fußball zu einem glorreichen Ergebnis gespielt werden und Chancen wirklich genutzt und realisiert werden und zu einem guten Ergebnis nach dem anderen führen, braucht es eine Linie, eine Grenze – also goldene Regeln auf dem Spielfeld!

Du denkst nun vielleicht: „Ja logisch! Es braucht gewisse Regeln für die Zusammenarbeit. Aber warum „golden"? Was hat es damit auf sich?" Mit „golden" verbinde ich die Ausrichtung auf das Gemein-Wirtschaften: des gemeinsamen Wirtschaftens, Gestaltens, Voranbringens und zum Ergebnis bringen. Durch gemeinsame „Golden Rules" werden eure Ergebnisse „vergoldet", d. h. erheblich größerer Gewinn für das Unternehmen erzielt, als hättet ihr keine! Hier liegt unglaubliches

---

[1] Siehe Kap. 6.

Potenzial geborgen, das du noch dazu sehr einfach und effektiv nutzen kannst!

Zurückzukommen auf das Erlebnis mit einem meiner Teammitglieder, das ich zu Beginn dieses Kapitels erwähnt hatte, möchte ich nun gerne konkret auf meine „Golden Rules" eingehen, um dir ein Beispiel zu geben, wie diese gestaltet sein könnten. Ich reflektierte für mich folgende Frage: Was sind meine grundlegenden Werte im Leben und welche davon sind für mich wichtig, wenn ich Teams leite bzw. in Teams zusammenarbeite? Welche „Golden Rules" ergeben sich daraus?

Nachdem ich diese Fragen für mich selbst beantwortet und die Ergebnisse dazu niedergeschrieben hatte, hatte ich Klarheit – Klarheit darüber, was meine Grundwerte sind, anhand derer ich mit anderen zusammenarbeiten möchte, und basierend auf welchen ich am besten meine Stärken einsetzen kann. Nun ging ich in einen Austausch und Dialog mit all jenen Personen, mit denen ich zu diesem Zeitpunkt zusammenarbeitete und wo ich Klärungsbedarf sah, um eine gemeinsame Basis zu schaffen. Das waren zum Beispiel Kolleg:innen oder mein Vorgesetzter. Denn auch hier war es mir besonders wichtig, einen Beitrag zu leisten, um ein gesundes und wertschätzendes Klima in unserem Führungsteam zu etablieren.

Und am wichtigsten: ich stellte meine „Golden Rules" meinem damaligen Team vor, neuen Bewerber:innen im Bewerbungsprozess und meinem damaligen Projektteam, da ich gleichzeitig ein Team in der Linienorganisation leitete und ein anderes Team für ein Projekt. Ich bekam einheitlich sehr positive Rückmeldungen dazu. Die „Golden Rules", die wir nun in den Teams gemeinsam erarbeiteten, vereinfachten und erleichterten unsere Zusammenarbeit und Kommunikation immens. Es kam ein frischer Wind auf und alte Strukturen, die womöglich ohnehin nie passend erschienen, wurden endlich sichtbar gemacht und angepasst.

9.2 Meine 5 Golden Rules

Wie können solche „Golden Rules" nun aussehen? Welche sind die „Golden Rules", die ich für mich definiert hatte? Das Resultat meiner Reflexion, die ich damals das erste Mal bewusst für mich durchführte, ergab folgende Werte und „Golden Rules", die mir in einer Zusammenarbeit am wichtigsten waren:

- Fair play: respect the work and the human being. Play a fair game and treat your opposite as equal.
- Open communication: openly share information. Empower the other with your information.
- Honest feedback: give honest, constructive, and direct feedback in time.
- WeQ, WE-power: appreciate ideas and skills of others. Appreciate their failures.
- Joy: care for an enjoyable environment. Celebrate successes, small and big ones.

Basierend auf meinen Werten wie Wertschätzung, Respekt, offener Kommunikation, ehrliches und direktes Feedback oder Gestaltungsfreude, formulierte ich meine „Golden Rules" und verwendete erneut die Verbindung zur Welt des Fußballes, um mit Bildern zu veranschaulichen, was konkret damit gemeint war. Da ich zum damaligen Zeitpunkt in internationalen Teams arbeitete, sind diese „Golden Rules" in englischer Sprache formuliert und entsprechen dem Original, wie ich sie damals beschrieben hatte.

Zum Beispiel ist der Wert „Freude" ein wichtiger Harmonie-Faktor, sorgt für soziale Hygiene und etabliert ein Wir-Gefühl im Team. Das gemeinsame Lachen (am besten täglich) oder das gemeinsame Feiern von Erfolgen (damit meine ich auch kleine und große (Zwischen-) Ergebnisse[2]) machen einen bedeutenden Unterschied, wie wir in einem

---

[2] Siehe Kapitel „Feiern und Reflektieren".

Team zusammenarbeiten. Und sie haben somit auch einen großen Einfluss auf vergoldete Ergebnisse! Oder gelebte Offenheit in einem Team ist für mich essenziell, um gemeinsame Erfolge zu erzielen. Dazu zähle ich unter anderem folgende Punkte:

- eine offene und transparente Kommunikation,
- kurze Wege gehen, d. h. direkte Kommunikation zwischen Personen, die Infos austauschen müssen, um ihre Aufgaben zu erfüllen und nicht über Dritte (wie Chefs, Projektleitende etc.),
- regelmäßiges, gemeinsames Brainstorming, um Vorschläge aus dem Team heraus aktiv zu fördern – denn dadurch wird sich eine proaktive Vorgehensweise, ein Mitdenken und Denken über den eigenen Tellerrand hinaus etablieren,
- Einbinden in Entscheidungen,
- dem Team regelmäßig Raum geben, um Fragen stellen zu können zu verschiedensten Themen.

Auch „Fair Play" im Sinne eines respektvollen und wertschätzenden Umgangs miteinander ist für mich ein Aspekt in der Zusammenarbeit, auf den ich nicht verzichten möchte. Es bedeutet Wertschätzung individuell und für das Team gesamt auszudrücken – und das nicht nur von der Teamleitung. Sondern alle Teammitglieder sind hier in der Verantwortung Wertschätzung zu zeigen und ein „faires Spiel zu spielen", auf Augenhöhe. **Es ist die Basis!** Und du denkst vielleicht, daß diese „Golden Rules" selbstverständlich sind oder sein sollten. Ja, unbedingt!

> **Reflexion: Golden Rules & Werte**
>
> Deine „Golden Rules" könnten ähnliche sein oder ganz andere. Ich lade dich dazu ein, einen Schritt weiterzugehen und zu reflektieren:
> - Welche Werte machen für dich den Unterschied in der Zusammenarbeit aus?
> - Worauf willst du nicht verzichten, wenn es um das Miteinander geht?

Wenn wir es versäumen, hier zu agieren oder womöglich zu spät agieren, handeln wir uns Ärger und finanziellen Misserfolg ein. Denn

Human- und Material-Ressourcen werden für etwas eingesetzt und verbraucht, das zu Misserfolg führt in der Zusammenarbeit, in den Ergebnissen und in weiterer Folge zu finanziellem Misserfolg einer Abteilung, eines Unternehmensbereichs und eines gesamten Unternehmens. Deswegen sind diese Regeln so wichtig! Und nicht umsonst nenne ich sie „goldene" Regeln. Denn wenn wir uns daran halten, können wir die Ergebnisse, die wir miteinander hervorbringen, wirklich „vergolden" – eben auch im finanziellen Sinne. Und natürlich können es auch 6, 7 oder 8 „Golden Rules" sein! Wichtig ist, dass sie von allen gemeinsam erarbeitet und vereinbart werden und ihr diese übersichtlich haltet, sowie kurz und knackig formuliert.

> Es ist die Grundlage jeden Spiels, zu dem wir jeden Tag neu antreten.

Und natürlich geht es in einem Team darum, diese „Golden Rules" gemeinsam zu entwickeln, zu etablieren und immer wieder auf ihre Aktualität zu prüfen. Die folgende Vorgehensweise könntet ihr dafür wählen.

> **Tipp: Golden Rules im Team etablieren**
> 1. Schritt: Für das gemeinsame Entwickeln eignet sich aus meiner Erfahrung am besten ein Workshop, in dem ihr eure Werte besprecht, verdichtet und basierend darauf eure „Golden Rules" definiert und vereinbart. Mit einem Workshop schaffst du einen Raum und Rahmen, wo sich jede:r einbringen kann mit eigenen Vorschlägen zur Zusammenarbeit, und jedes Teammitglied gehört wird.
> 2. Schritt: Das gemeinsame Etablieren eurer „Golden Rules" schafft ihr, indem ihr besprecht, welche Verhaltensweisen beispielsweise konkret damit gemeint sind (oder eben nicht gemeint sind im Sinne von „No-Gos") und diese dann auch so lebt. Eine wichtige Vorbild-Funktion hat hier die Teamleitung. Und alle im Team sind gefragt, ihr Verhalten entsprechend eurer „Golden Rules" zu leben und euch gegenseitig respektvoll darauf hinzuweisen, falls es einmal einen „Ausrutscher" gab, d. h. sich jemand respektlos verhalten hat, hinter dem Rücken über jemand anderen schlecht gesprochen hat etc. Hier ist also die Verantwortung jedes Teammitglieds gefragt und jede:r kann hier Einfluss nehmen. Das ist gelebte Selbstverantwortung im Team!

> 3. Schritt: Nehmt euch in regelmäßigen Abständen Zeit, um eure „Golden Rules" gemeinsam zu reflektieren:
> - Sind sie noch aktuell und relevant für uns alle?
> - Wollen wir bestehende anpassen?
> - Sind neue dazugekommen?

Dieser Prozess wird euch als Team unglaublich stärken und euren Team Spirit beflügeln! Und ihr lebt dadurch eure Freiheit im Team, denn ihr wartet nicht darauf, dass euch jemand Regeln vorgibt, sondern geht proaktiv in einen Austausch und gestaltet euren „Spielraum" bzw. euer „Spielfeld" selbst.

Ein weiterer wichtiger Faktor bei der Erarbeitung oder Reflexion eurer „Golden Rules" ist es, zu prüfen, ob es Vorgaben von eurem Management dazu gibt. Sind auf eurer Unternehmenswebseite oder in eurem Intranet Werte dokumentiert, die für das gesamte Unternehmen gelten? Inwieweit sind sie von euren „Golden Rules" bereits abgedeckt? Wollt ihr basierend auf den Unternehmenswerten etwas davon hinzunehmen? Gibt es Widersprüche und wenn ja, was sind die Gründe und wie geht ihr damit um? Der Rahmen, der vom Management vorgegeben wird, hat selbstverständlich auch eine Auswirkung auf die Entwicklung eurer Zusammenarbeit – zum Beispiel im Hinblick auf:

- Strukturen (so einfach wie möglich),
- Kommunikation (offen),
- Unterstützung auch aus finanzieller Sicht bei zusätzlichen Budget-Anfragen,
- oder im Bedarfsfall „greifbar" zu sein für Eskalationen.

Nun möchte ich erneut meine Erfahrungen und Erkenntnisse dazu aus meiner Praxis mit dir teilen und die Geschichte mit jenem Team fortsetzen, die ich bereits im Kapitel „Gestaltungsfreude aktivieren" begonnen habe zu erzählen.

9.3 Gemeinsame Werte vereinbaren und Golden Rules etablieren

Ich war in der Situation, die Leitung eines Teams übernommen zu haben und die Basis für eine erfolgreiche Zusammenarbeit aufzubauen. Im Team gab es wenig Gemeinsames, das bisher an Werten oder Spielregeln im Sinne von «Golden Rules» vereinbart worden war. Also organisierte ich einen Team-Workshop mit dem Ziel, gemeinsame Werte zu vereinbaren und darauf basierend «Golden Rules» zu formulieren. Nachdem das Team sehr heterogen war, war es mir wichtig, in dieser Runde alle zu Wort kommen zu lassen und dem Team den Raum zu öffnen mit folgenden Fragen: «Wie wollt ihr euch als Team formieren? Wie wollt ihr eure Zusammenarbeit gestalten?» Bisher hatte niemand aktiv und konkret diese Fragen an das Team gerichtet. Auch überlegte ich mir aus Sicht der Teamleitung vor dem Workshop, was für mich das Minimum war, das ich von ihnen als Team brauchte bzw. erwartete. Das war zum Beispiel eine notwendige Vereinbarung wie «Ich möchte mindestens alle 2 Wochen von jedem Teammitglied wissen, wie es geht, wie es läuft und welche aktuellen Herausforderungen es gibt.» Die Form und das Setting waren mir gleich. Das konnte das Team selbst vorschlagen, wie es für sie am besten passte.

Wir nahmen uns einen Tag Zeit für diesen Workshop. Einige der Teammitglieder mussten von anderen Standorten aus anreisen, was die Dauer des Workshops auf rund fünf Stunden kürzte. Nachdem es im Team verschiedene sprachliche Hintergründe gab, führten wir den Workshop gleichzeitig in drei verschiedenen Sprachen durch. Mir war es wichtig, dass sich jeder entweder in seiner Muttersprache ausdrücken konnte, oder wenn diese sonst niemand im Raum verstand, dann in der Sprache, die so viele wie möglich im Raum verstanden, und der Person am naheliegendsten nach der Muttersprache war. Ein Teammitglied musste mittels Videokonferenz teilnehmen aufgrund geschäftlicher Erfordernisse. So waren wir rund siebzehn Personen mit drei Sprachen, die an diesem Workshop teilnahmen. Ich übernahm die Moderation und war gleichzeitig in der Rolle als neue Teamleiterin gefordert. Aufgrund all dieser Anforderungen war eine gute Vorbereitung, klare

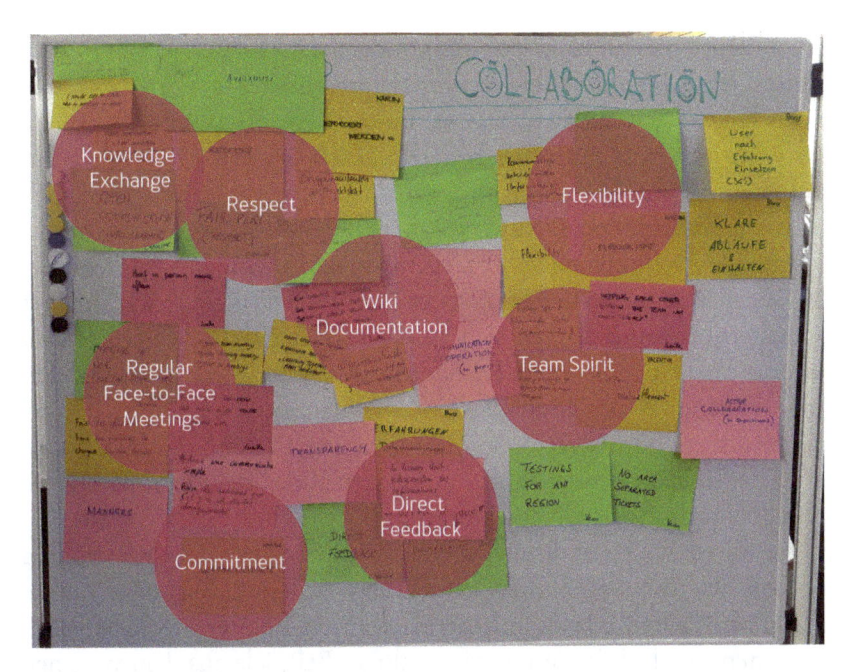

Abb. 9.1 Golden Rules Beispiel. (Mit freundlicher Genehmigung von © Tamedia AG [2024]. All Rights Reserved)

Struktur für den Workshop und eine professionelle Moderation ein absolutes «Muss», um dem Team Orientierung zu geben und das Ziel des Workshops zu erreichen. Ich buchte einen großen Meetingraum, in dem ausreichend Platz für uns alle war und Raum bot für Pinnwände, Whiteboards und um Diskussionen bei Bedarf auch im Stehen durchführen zu können.

Nach einer kurzen Einführung zum Workshop und zum Ablauf des Tages, bat ich die Teilnehmenden, dass jede:r für sich die wichtigsten Werte sammelte, die für sie Grundlage einer guten Zusammenarbeit sind, indem sie diese auf Haftnotizen und Pinnkarten aufschrieben. Nachdem ich ebenfalls Teil des Teams war, machte ich genauso mit und schrieb meine Werte auf. Im Anschluss stellte jede:r vor, was er oder sie notiert hatte, und wir sammelten alle Ergebnisse auf einem großen Whiteboard. Dafür nahmen wir uns ausreichend Zeit, denn einerseits war es notwendig für manche Teammitglieder das Gesagte in eine andere Sprache zu übersetzen, andererseits gab es Verständnisfragen und jenes Teammitglied, das gerade präsentierte, ging noch genauer darauf ein, um zu erklären, was es unter einem bestimmten Wert, der ihm wichtig war, meinte. Bei Bedarf half ich bei den Erklärungen mit konkreten Beispielen, um einen Wert noch besser zu veranschaulichen, wie dieser in der Praxis Ausdruck finden konnte bzw. gelebt werden konnte. Das Whiteboard füllte sich mehr und mehr und während den individuellen Präsentationen begann ich die Pinnkarten und Post-its zu clustern, denn es zeigten sich ähnliche oder gleiche Wertvorstellungen und Themengebiete. Als Resultat unserer Diskussion und Abgleichs zum Verständnis der individuellen Vorstellungen kristallisierten sich schlussendlich acht Werte und darauf basierend acht «Golden Rules» für unser Team heraus. In Abb. 9.1 Golden Rules Beispiel siehst du ein Zwischenergebnis aus diesem Workshop:

Das waren Werte und Spielregeln, an welchen wir arbeiten wollten, d. h. die wir uns vornahmen gemeinsam zu leben. Während unseres Workshops fassten wir sie mit der Definition unserer «Golden Rules» zusammen. Auch diskutierten wir konkrete Beispiele aus dem vergangenen oder aktuellen Tagesgeschehen, um zu klären, was ein gewünschtes Verhalten war, um diese Werte zu leben, oder, was ein nicht-gewünschtes Verhalten war, d. h. brachten auch Negativ-Beispiele ins Spiel, um eine bessere Orientierung zu geben.

Es war ein sehr intensiver Workshop und ich war sehr gefordert, denn einen Workshop hatte ich zuvor noch nie in 3 Sprachen parallel moderiert und war gleichzeitig in der Rolle der Führungskraft. Es hatte sich allemal gelohnt und ich war sehr froh und erleichtert, dass sich der Großteil der Teilnehmenden sehr aktiv eingebracht hatte und wir zu einem guten Ergebnis gekommen waren. Auch die Teammitglieder taten ihre Zufriedenheit zum Ergebnis kund. Ebenso hatten wir es geschafft, den Kollegen, der remote teilgenommen hatte, gut einzubinden. Wir einigten uns darauf unsere «Golden Rules» Team Manifesto zu nennen in Anlehnung an agile Arbeitsweisen, da sich das Team dahin entwickelte.

Auch war unser Team Manifesto Teil jedes Teammeetings auf einer der Startfolien unserer Team-Präsentation zu aktuellen Themen und wurde auf unserer Teamseite im Intranet oder unserer Wissensdatenbank visualisiert.

Nach ein paar Wochen bekam ich durch die Aussage eines Teammitglieds die Bestätigung, dass wir auf einem guten Weg waren, unsere vereinbarten Werte und unser Team Manifesto zu leben. Seine Aussage bezog sich auf den Wert «Respekt», den wir gemeinsam festgelegt hatten. Wir hatten gerade eben eine fachliche Frage geklärt und ganz unvermittelt meinte dieses Teammitglied: «Endlich wird jede:r im Team gehört und fair behandelt! Das gab es früher nicht.» Ich freute mich sehr darüber! Auch aus dem Grund, weil dieses Teammitglied sonst eher introvertiert war und am liebsten für sich alleine arbeitete und sehr selten von sich aus seine Sichtweisen teilte.

Um noch ein weiteres Beispiel zu nennen, dass dir als Inspiration dienen kann: ein anderes Mal wurde ich in meiner Rolle als «Agile Coach» von einem Team gebeten, für sie einen Workshop zu moderieren, damit sie gemeinsam ihre «Team Rules» erarbeiten und vereinbaren konnten. Dieses Team arbeitete nach der agilen Arbeitsweise «Scrum[3]» und die beiden Personen, die die Rollen Product Owner und Scrum Master inne hatten, kamen mit dieser Bitte auf mich zu. Wir klärten die Rahmenbedingungen, Vorbereitung und Durchführung und nahmen uns rund vier Stunden für die Durchführung des Workshops Zeit. Das Team arbeitete gleichfalls von verschiedenen Standorten aus und ein paar Teammitglieder nahmen auch am Workshop remote teil. Natürlich ist dies immer eine größere Herausforderung, wenn nicht alle Teilnehmenden physisch anwesend sein können und birgt die Gefahr, dass diese Personen sich dann eventuell nicht so verbindlich zeigen. In diesem Fall funktionierte die Zusammenarbeit während des Workshops jedoch sehr gut, da das Team schon seit einiger Zeit in diesem Setting zusammenarbeitete und daran gewohnt war, auch solche Themen in einem virtuellen Rahmen zu klären bzw. zu erarbeiten. Das Team fasste seine Team Rules ebenfalls in Form eines «Team Manifesto» zusammen.

---

[3] Näheres zu dieser Arbeitsweise findest du zum Beispiel auf www.scrum.org.

> Wenn du mit deinem Team «Golden Rules» erarbeitest und vereinbarst, könnt ihr sie auch «Team Rules» oder «Spielregeln» nennen oder euch eine andere kreative Bezeichnung dafür überlegen. Im Grunde genommen geht es in einem Team immer darum, eine Balance herzustellen zwischen: Freiraum, Respekt, Fokus und Klarheit!

Vielleicht fragst du dich, wie es mit dem Team weiterging, nachdem eine permanente Teamleitung gefunden worden war und ich die Leitung übergab? Die Prämisse des Abteilungsleiters an den neuen Teamleiter war es, alles so zu übernehmen, was ich an Struktur, Rahmen und Kommunikationsabläufen in den letzten Monaten mit dem Team gemeinsam aufgebaut hatte, um darauf basierend weiterhin Neues zu schaffen. Das Ziel war es, den Team Spirit weiter zu stärken und ein zukunftsfähiges Miteinander zu gestalten. Auch das Team bekräftigte mehrmals, wie wichtig es ihnen war, all das Neue, das wir gemeinsam gestaltet hatten, zu bewahren und fortzuführen. Der neue Teamleiter organisierte mit dem Team gemeinsam eine kleine «Abschiedsfeier» für mich, um mir für die letzten Monate zu danken und ihre Wertschätzung dafür auszudrücken. Ich blieb weiterhin im Unternehmen und arbeitete durch meine Projektleitung ohnehin sehr nahe mit der Abteilung insgesamt zusammen, aber die Rolle der Teamleitung gab ich wieder ab. Einerseits war ich erleichtert, dass meine hohe Arbeitslast nun wieder etwas sinken konnte, andererseits war ich sehr gerührt über diese Geste und die Dankesworte, die jedes Teammitglied, der Abteilungsleiter und weitere Kolleg:innen aus der Abteilung, mit welchen wir neue Kommunikationskanäle aufgebaut hatten, in eine große Grußkarte geschrieben hatten und mir überreichten. Diese habe ich bis heute aufgehoben und denke noch immer gerne an die gemeinsame Zeit zurück. Dem neuen Teamleiter stand ich in den ersten Wochen als Coach zur Seite und so bekam er die Möglichkeit, sich schneller und besser in seine neue Rolle einzufinden.

9 Golden Rules für dich und dein Team 127

Golden Rules

10

Führung ist Selbst-Führung

Zusammenfassung In diesem Kapitel möchte ich gerne mit dir mein Verständnis von Führung teilen und ein paar Impulse dazu geben. Du erfährst, warum Führung immer mit dir selbst zu tun hat und wie du dein Selbstbild und Selbstverständnis stärken kannst. Die Auswirkung davon auf deine Rolle als Führungskraft wird offensichtlich. Ich lade dazu ein, Führung mit dem Fokus auf das Menschsein zu betrachten. Auch beschreibe ich, wie erfolgreiche Kommunikation uns handlungs- und arbeitsfähig macht.

Beim Führen steht für mich der Mensch im Zentrum. Das Erreichen jeglicher Zahlen, wie Erträge, Kennzahlen, Einsparungen, Budgets, Termine oder sämtliche Qualitätskriterien, ist für mich nachgelagert. Die Qualität der Führung und des Miteinanders hat eine direkte Auswirkung auf das Erreichen von Zielen und Ergebnissen. Die Qualität des Arbeitsklimas hat einen unmittelbaren Einfluss auf die Qualität von Produkten oder Dienstleistungen. Wenn der Mensch im Zentrum steht, braucht es Superpowers wie Empathie, Wertschätzung, Offenheit und Respekt. Die grundlegenden „Tools" einer erfolgreichen Führungskraft sind Beobachten und Fragen stellen. Wie ich es bereits geschildert habe, wird durch den regelmäßigen Einsatz von Fragen klar: Jede:r hat hier so etwas Wichtiges einzubringen und keine:r im Team ist inkompetent oder schwach! Es kreiert ein Feld von: «Wir sind stark!» Damit weckst du die Selbstverantwortung in deinem Team, aktivierst sie und forderst sie ein. Und gleichzeitig machst du die Stärken in deinem Team sichtbar und kannst sie als belebende Kraft nutzen. Es lockt das Potenzial jedes Teammitglieds und des Teams insgesamt hervor. Und das gelingt durch deine Neugier und Offenheit. Beides hast du immer mit dabei und stehen dir zur Verfügung.

Unzähliges gibt es an Literatur zu lesen zu den Begriffen Mitarbeiterführung, Leadership, Führungskräfte-Entwicklung etc. Und vieles davon beleuchtet in den unterschiedlichsten Facetten: Wie kann ich erfolgreich in meiner Rolle als Führungskraft agieren? Voraussetzung für den Erfolg sind meines Erachtens die Bewusstheit über das eigene Selbstverständnis und die Gestaltungskraft in dieser Rolle sowie Kommunikation zu meistern. Führungskraft zu sein, bedeutet für mich einen Weg zu wählen, den ich gehe, mit Selbstachtung, Besonnenheit und voller Freude. Ich verstehe es nicht als ein Ziel, das ich irgendwann erreicht habe, denn in dieser Rolle zu agieren, bedeutet für mich ständige Weiterentwicklung meiner selbst. Schritt für Schritt lerne ich mich selbst in dieser Rolle besser kennen, erkenne meine „Golden Rules" als meine Richtschnur und wie ich diese in meinem Arbeitsumfeld leben möchte und gewinne mit jedem Schritt mehr Vertrauen meinen inneren Impulsen zu folgen. Und es geht darum eine Qualität von Freude, Wertschätzung, Begeisterung und Wahrnehmung der eigenen inneren Impulse in den Teammitgliedern zu wecken und zu leben. Mit dieser Herangehensweise und Haltung schaffe ich ein „Spielfeld" für mein Team, in dem jede Person in seiner Natürlichkeit da sein kann, Selbstverantwortung den Freiraum bekommt, gelebt zu werden und die Superpowers von allen zum Einsatz kommen, um herausragende Ergebnisse zu erzielen. Bestenfalls gehst du diesen Weg voller Neugier, Mut zur Selbstreflexion und mit einem „frischen" Denken.

Als Führungskraft sehe ich es in meiner Verantwortung, allen im Team zu ermöglichen, ihre Stärken und Potenziale zu leben, das Team zu begleiten und zu unterstützen und ihm zu dienen zum höchsten Wohl aller – für eine „goldene" Zusammenarbeit und „goldene" Ergebnisse. Vor allen Dingen sehe ich mich in dieser Rolle als Beobachter:in, Zuhörer:in, Fragesteller:in, Wegbereiter:in und Vorbild durch das Leben meiner Selbstverantwortung und „Golden Rules", die wir vereinbart haben.

Obwohl wir in Unternehmen gewisse Hierarchien und Strukturen vorfinden, bildet für mich ein Team einen Kreis, inklusive der Führungskraft, in dem jede:r mitgestaltet, jede:r selbstverantwortlich handelt und jede:r für das eine oder andere Thema auch einmal die Führung übernimmt basierend auf der eigenen Erfahrung, dem erworbenen Wissen und dem inneren Impuls für den nächsten Schritt im Sinne von: „Da geht's lang! Für den nächsten Schritt können wir in dieser Richtung am besten unsere Superpowers einsetzen, um bestmögliche Ergebnisse zu erzielen." Es ist ein Wechselspiel von führen und folgen (= sich führen lassen). Im Team geschieht Führung daher organisch, d. h. ganz natürlich.

Die Fragen „Wie führst du dich selbst?" und „Was bedeutet erfolgreiches Führen für dich?" reflektiere ich mit Führungskräften in meinen Trainings und Coachingsitzungen. Diese Fragen bewirken Aha-Erlebnisse und wahre Erkenntnisse zum eigenen Verständnis. Folgende Aspekte werden als Antworten konstant genannt: *Zuhören, Vertrauen, Feingefühl, Glaubwürdigkeit, innere Ruhe, Fokus* und *Wertschätzung. Vorbild sein, Charisma ausstrahlen* und *Überblick wahren* runden das Bild meist ab. Einigkeit herrscht darüber: Erfolgreiches Führen überzeugt durch *Erfahrung* und *Kompetenz*. Und die Basis dazu bildet dein *Selbstverständnis*.

Denn von meinem Verständnis über mich selbst, also meinem Selbstbild, hängt viel davon ab, wie ich mit anderen interagiere und umgehe. Glaube ich von mir selbst, dass ich noch nicht ausreichend Erfahrung gesammelt habe, um ein Team zu leiten und fühle ich mich daher unsicher und nicht kompetent genug? Dann werden meine Mitarbeitenden sehr schnell diese Unsicherheit spüren und sich selbst auch nicht sicher fühlen im Team. Das wird wiederum eine Auswirkung auf eure Zusammenarbeit und eure Ergebnisse und Erfolge haben. Dein Selbstverständnis ist die Basis für deine Selbstkompetenz und deine Sozialkompetenz, um Menschen zu führen. Unter Selbstkompetenz verstehe ich die Fähigkeit, sich selbst reflektieren und motivieren zu können, das persönliche Zeitmanagement im Griff zu haben und mit den eigenen Emotionen umgehen zu können. Und auch deine Denkweise spielt hier eine große Rolle: Wie ist dein Blick in die Welt? Siehst du hauptsächlich Probleme und Schwierigkeiten? Oder blickst du zuversichtlich und voller Begeisterung in die Zukunft? Gehst du besonnen und voller Tatendrang deinen Weg? Bist du bereit, deinen Blick in die Welt immer wieder zu weiten, zu ändern und anzupassen? In deinem Mindset liegt ein großes Potenzial geborgen. Nämlich das Potenzial, dass du dich öffnest für das Nicht-Wissen, für neue Denkräume – völlig unvoreingenommen und bewertungsfrei! Es birgt in sich ein sich Öffnen für neue Sichtweisen und Denkräume. Dies wird deine Kreativität, deine Neugier und den Austausch mit anderen beflügeln und dir neue Handlungs- und Lösungsmöglichkeiten eröffnen.

Dein Selbstverständnis ist auch die Basis für deine Sozialkompetenz. Sozialkompetenz umfasst meines Erachtens Aspekte wie den Umgang mit Emotionen anderer, Konflikte im Team zu lösen, Feedback zu geben und zu nehmen oder erfolgreich zu kommunizieren. Begeistert dich die Zusammenarbeit mit anderen? Falls ja, dann bist du mit hoher Wahrscheinlichkeit teamorientiert und womöglich auch gut darin ein Team zu leiten. Hast du den Mut mit deinem Team gemeinsam den nächsten Schritt zu gehen? Wie hoch ist deine Bereitschaft, Konflikte im Team zu lösen? Wie sehr kannst du dich auf dein Team mit allen Höhen und Tiefen einlassen?

Fazit: Selbstkompetenz und Sozialkompetenz benötigst du, um deine Führungsaufgaben wahrzunehmen und in deiner Rolle erfolgreich zu agieren.

Wichtig ist es auch, die eigenen Ventile zu kennen, mit denen du Stress abbaust. Was hilft dir von einem hohen Stresslevel regelmäßig in die Entspannung zu finden? Sport, Bewegung in der Natur, Meditation, Nichtstun, wohltuende Ernährung und Schlaf sind ein paar Beispiele, die dir als Ventil dienen können, um einen Ausgleich zu schaffen. Oft sind wir so sehr auf das Außen konzentriert, auf unsere Umgebung und äußere Geschehnisse fokussiert, dass wir uns nicht die Zeit nehmen für uns selbst. Wenn ich mit Führungskräften in meinem Umfeld spreche, sind zwei der größten Wünsche, die sie in Bezug auf ihr Berufsleben nennen: **mehr Freiraum und Zeit für Reflexion.**

> **Reflexion im Alltag**
>
> In deinem Alltag kannst du immer wieder ein „Check-in" mit dir selbst durchführen und deine:n innere:n Beobachter:in aktivieren:
> - Wie geht es mir gerade?
> - Wie ist mein Stresslevel?
> - Was brauche ich, um mich wohlzufühlen?
> - Was würde mir jetzt die größte Freude bereiten?

10.1 Dein Selbstverständnis

Welche Schritte helfen dir dabei, die Rolle als Führungskraft in einer Weise zu leben, die Selbstermächtigung, Freiraum und Freude ermöglicht? Ich empfehle dir, dir selbst immer wieder folgende Fragen zu stellen, um herauszufinden, ob du in dieser Funktion erfolgreich bist.

> **Reflexion: Selbstführung**
>
> Wie führst du dich selbst?[1] Gestaltest du dein Leben selbstbestimmt und lenkst das Steuerrad? Oder lässt du dich fremdsteuern und überrollen von den Erwartungen anderer oder alten Paradigmen, wie man als Führungskraft zu sein hat? Hier stelle ich dir zwei vertiefende Fragen zur Verfügung, die dir dabei helfen, eine Standortbestimmung für dich zu machen und Klarheit zu bekommen, wie du deine Rolle leben möchtest.
> - **Wie ist der Umgang mit dir selbst?** Achtest du auf deine Bedürfnisse? Nimmst du Rücksicht auf deinen Energie-Haushalt? Wie sorgst du für dich in Hinblick auf Freiraum und Termin-Einteilung? Wie gestaltest du deinen Tag? Nimmst du dir regelmäßig Pausen? Schenkst du dir Wertschätzung? Achtest du dich für dein Tun, deine Arbeit, deine Erfolge und Misserfolge?
> - **Was ist dein Selbstbild?** Wie siehst du dich selbst? Was denkst du über dich? Welche Geschichte erzählst du dir über dich selbst? Kennst du die Geschichte, die du anderen über dich erzählst? Du bist einzigartig mit deinem Potenzial und deinen Superpowers! Wenn du die Art wie du deine Rolle als Führungskraft lebst, ändern möchtest, dann ist jetzt die beste Gelegenheit, die Geschichte, die du über dich selbst erzählst,

---

[1] Sich bewusst darüber zu sein, wie man sich selbst führt, wird auch mit dem Schlagwort „Mindful Leadership" bezeichnet.

> anzupassen. Vielleicht bist du zu selbstkritisch oder entschuldigend, wenn es darum geht, wie großartig du deine Funktion wahrnimmst. Vielleicht bist du bereit, ein Arbeitsumfeld zu tolerieren, das dich klein macht, einengt und nicht respektiert. Mache dir klar, dass du deinen Mitmenschen durch die Art und Weise, wie du über dich selbst sprichst, zeigst, wie sie dich behandeln sollen. Der Moment, in dem du die Geschichte erkennst, die du über dich selbst erzählst, ist jener, in dem du entscheidest, eine neue Geschichte zu erzählen. Sie hat ihren Ursprung in deinem Denken, deiner Konditionierung und deinen bisherigen Erfahrungen, wie du die Welt siehst und was du in ihr zu sehen erwartest. Du hast alles in dir, was du brauchst, um eine neue Geschichte zu erzählen. Nütze deine Gestaltungskraft und deine Superpowers!

Gibst du dir selbst Klarheit und Orientierung? Dann kannst du auch anderen, zum Beispiel deinem Team, Klarheit und Orientierung geben. Das ist eine unabdingbare Qualität in der heutigen Zeit. **Es geht immer wieder darum, die Verbindung mit dir selbst zu stärken.** Das ist die Voraussetzung für eine kraftvolle Verbindung mit anderen! Selbstreflexion, Neugier und Offenheit sind für mich Wegweiser, um erfolgreich in einer Führungsrolle zu agieren. Und auch wenn du derzeit kein Team leitest, kann ich dir sehr empfehlen diese Selbstreflexion durchzuführen.

Unter erfolgreich verstehe ich, mutig und zuversichtlich einen Schritt nach dem anderen zu gehen, auch wenn Ungewissheiten vorausliegen und es mal „ruckelig" wird. Auch wenn Ängste und Selbstzweifel aufkommen, sei dir selbst dein:e beste:r Begleiter:in. Glaube deinen Selbstzweifeln nicht, sondern hole dir deine Superpower Zuversicht an deine Seite und gehe einen Schritt nach dem anderen weiter. Ängste werden womöglich immer da sein. Das ist menschlich. Ich sehe sie als Möglichkeit, mich in dem Moment, wo sie aufkommen, noch bewusster auszurichten und meinen Fokus für den nächsten Schritt zu schärfen. Dir selbst treu zu bleiben, d. h. den eigenen Bedürfnissen und inneren Impulsen zu folgen, ist der beste Garant dafür, erfolgreich deinen eigenen Weg zu gehen. Denn selbst wenn es noch so viele Anleitungen zu „Leadership for Dummies" oder „How to"-Erklärungen gibt, **jede Person lebt Führung auf ihre eigene, ganz persönliche, authentische Weise.**

Auch ist es sehr hilfreich deinen eigenen, inneren Kompass zu kennen, nach dem du dich immer wieder ausrichten kannst. Er unterstützt dich dabei, dir generell deiner Ausrichtung für dein Leben bewusst zu sein. Klarheit über deine innere Haltung zu haben, ist meines Erachtens die Basis für ein selbstbestimmtes Leben. Ich lade dich dazu ein, immer wieder für dich zu reflektieren, was diese Basis ausmacht.

> **Reflexion: Eigene Werte**
>
> Was sind deine vier Grundwerte, nach welchen du dein Leben und die Interaktion mit deinen Mitmenschen ausrichtest? Mache es dir gerne an einem schönen Ort gemütlich und schenke dir Zeit, um deinen inneren Kompass zu erforschen. Du kannst für diese Reflexion einen Kompass auf ein Blatt Papier zeichnen. Beantworte zu jeder Himmelsrichtung folgende Fragen:
> - Welcher Wert richtet dich auf? (Norden)
> - Welcher Wert gibt dir Orientierung? (Osten)
> - Welcher Wert schenkt dir Stabilität? (Süden)
> - Welcher Wert ermöglicht dir ein freudvolles Miteinander? (Westen)
> - Wie lebst du jeden dieser Werte?
> - Wobei unterstützt dich dieser Wert? (zum Beispiel: erfolgreiche Kommunikation, bessere Entscheidungen treffen, wertschätzendes Miteinander)
> - Wie kannst du diesen Wert noch mehr in deinen Alltag integrieren?

Diese vier Grundwerte geben dir inneren Halt und Stabilität. Sie „norden dich ein" und helfen dir, dich täglich danach auszurichten: Was ist dir wichtig und wonach möchtest du dein Leben gestalten? Sie geben dir Klarheit, wenn du Entscheidungen triffst. Sie schenken dir Orientierung in herausfordernden Situationen. Sie sind deine Basis, dein innerer Kompass. So bestimmst du die Ausrichtung deines Lebens und ermächtigst dich dadurch selbst.

Die Werte deines inneren Kompasses sind die Basis für deine „Golden Rules" – für dich in deiner Führungsrolle, für die Interaktion mit anderen und der Zusammenarbeit im Team.

10.2 Kommunikation ist alles?

„Kommunikation ist alles. Alles ist Kommunikation!" – diese Aussage habe ich vor kurzem in einem Management-Buch über erfolgreiches Veränderungsmanagement in Unternehmen gelesen. Ich überlegte kurz für mich: kann ich dem, aus meiner Perspektive und Erfahrung, zustimmen? Nach einem kurzen Moment des Innehaltens und Reflektierens von verschiedenen Situationen und Begebenheiten in meinem Leben, stimmte ich innerlich zu: „Ja, es ist tatsächlich so! Und ich bin mir dessen oft viel zu wenig bewusst…" Und vielleicht wir alle? Schon Paul Watzlawick hat den berühmten Satz geäußert: „Wir können nicht nicht kommunizieren." Selbst wenn wir eine Kommunikation unterbrechen und uns abwenden von einem unserer „Empfänger", ist auch das eine Form der Kommunikation.

Wenn wir zum Beispiel „schnell" etwas klären möchten mit unserem Team, einer Kollegin oder einem Kollegen: Klären wir dann diese eine „schnelle" Sache mit dem Bewusstsein darüber, welche Worte wir wählen, welche Stimmlage wir einnehmen und wie unsere Mimik und Gestik das Gesagte widerspiegeln? Wahrscheinlich in den seltensten Fällen, oder? Der Inhalt ist nur die Spitze des Eisbergs. Unsere Stimme, der Tonfall und alle nonverbalen Botschaften wie Mimik, Gestik und Körperhaltung machen den Großteil so eines Eisberges unter der Wasseroberfläche aus. Es geht bei Weitem nicht nur um den Inhalt, den wir in einem Gespräch vermitteln wollen. Der Hauptteil der Kommunikation umfasst Aspekte, die wir uns, so meine ich, viel zu selten bewusst machen, wenn es darum geht, ein Gespräch erfolgreich zu führen. Und dies gilt auch für die Kommunikation am Telefon, via Video-Konferenz, oder die schriftliche Kommunikation. Sind wir uns bewusst, welche Körperhaltung und Stimmlage wir einnehmen bei einem Gespräch über digitale Kanäle? Wählen wir ganz bewusst die Worte, die wir verwenden, wenn wir ein E-Mail schreiben an einen Kollegen, an das eigene Team oder an eine größere Gruppe von Mitarbeitenden?

Oft wundern wir uns über Missverständnisse in der Kommunikation, die auftreten, und Streitgespräche, die plötzlich aufflammen, und wir können nicht nachvollziehen, wie wir eben in diese Situation „gerutscht" sind. Dann kann es passieren, dass wir Kommunikationsprobleme auf das Aufnahmevermögen und die „Befindlichkeiten" des Gegenübers schieben: „Ach, der hat wieder nicht richtig zugehört" oder: „Warum muss ich dieses Team oder jene Gruppe immer mit Samthandschuhen anfassen?" bis hin zu: „Herrje, das habe ich doch nicht so gemeint!"

Kommunikation bedarf meines Erachtens sehr viel Bewusstheit und Empathie. Denn wir sind, wie das Bild des Eisbergs so klar zeigt, keine von Inhalten gesteuerten Wesen. Wir sind alle zutiefst menschlich mit all unseren Emotionen, Erwartungen, Befürchtungen, Wünschen, Zielen, Träumen, Bedürfnissen, Unsicherheiten und Ängsten. Und das will bei der Kommunikation berücksichtigt werden! **Wir sind immer und in jeder Situation Mensch. Haben wir auch die Achtsamkeit und das Feingefühl dafür in unserer Kommunikation?**

Wenn du die Team Excellence, ein kraftvolles und freudvolles Miteinander, in deinem Team wecken möchtest, braucht es eine Kommunikation, die euch alle handlungsfähig und damit arbeitsfähig macht. Was ich oft in Unternehmen antreffe, ist der Bedarf eines sehr hohen Informationsaustauschs, dezentrales Arbeiten ohne passende Kommunikationskanäle, ein internationales Umfeld mit verschiedenen Kulturen und unterschiedlichen Sprachen sowie eine teilweise hohe Fluktuation in den Teams. Von allen Seiten besteht der Wunsch nach mehr relevanter Kommunikation. Teams schildern mir, dass sie oft den Eindruck haben, ihre Vorschläge werden nicht wahrgenommen oder angenommen. Führungskräfte beschreiben ihre „Schmerzpunkte" in der Kommunikation meist folgendermaßen:

- „Im Team erfolgt zu wenig Austausch untereinander. Es gibt kein gemeinsames Arbeiten an Ergebnissen."
- „Die Stimmung im Team wird immer schlechter und ich habe schon alles Mögliche versucht."
- „Jedes Wort wird auf die Waagschale gelegt und gerne negativ ausgelegt."
- „Bei meinem Führungswechsel war ich verunsichert: Was kann ich noch wem anvertrauen?"

- „Der Zusammenhalt schwindet aufgrund der dezentralen Zusammenarbeit."
- „Ich stehe oft unter Druck und habe zu wenig Zeit für Kommunikation an das Team."

Womöglich findest du dich in manchen Aussagen wieder. Lass uns an dieser Stelle einen Moment innehalten.

> **Reflexion: Kommunikation**
> Wie zufrieden bist du derzeit mit der Kommunikation in deinem Team? Wenn du hier einen Wert auf einer Skala von 1–10 wählen würdest, welcher wäre es?
> - 1 wäre der unterste Wert der Skala und könnte bedeuten: Es entstehen ständig Missverständnisse. Oder: Es besteht das totale „Kommunikations-Chaos".
> - 10 wäre der oberste Skalenwert und könnte stehen für: Unsere Kommunikation läuft effizient, zeitnah und zielgerichtet. Kanäle, Frequenz und Zuständigkeiten sind geregelt. Wir kommunizieren offen & klar.

Der wahre Grund, warum die Kommunikation in deinem Team nicht läuft, ist oft Überforderung resultierend aus einer Informationsflut oder einem Informationsvakuum durch dezentrales Arbeiten oder die Arbeit in interkulturellen Teams. Denke einmal an eine aktuelle Situation, wo Kommunikation nicht flüssig läuft. Was ist der wahre Grund?

Der Übergang in eine klare, erfolgreiche Kommunikation gelingt dir mit deinem Team durch folgende fünf Schritte:

1. Du kennst die verschiedenen Möglichkeiten der Kommunikation (= Kommunikationsarten und -formen, siehe zum Beispiel Watzlawick et al. (2017)) und setzt sie bedarfsgerecht ein.
2. Du kennst die Bedürfnisse zu Kommunikation von deinem Team. Diese kannst du zum Beispiel anhand folgender Fragen ermitteln: Wie wollen wir uns gegenseitig über welche Art von Inhalten informieren? Welcher Austausch passt für uns am besten? Wie können wir es uns am einfachsten machen?
3. Du stellst Nähe her zu deinem Team, indem du

- verfügbar bist für Fragen und Anliegen,
- eine offene Kommunikation sicherstellst durch einen offenen Informationsaustausch und damit dein Team stärkst,
- aufmerksam zuhörst und durch schlichtes Nachfragen Denk- und Diskussionsprozesse auslöst. Fragen könnten sein: „Kannst du das noch genauer beschreiben?", „Hast du ein Beispiel dazu im Kopf?", „Inwiefern ist Lösung A aus deiner Sicht der bessere Weg?" oder „Wie würdest du an dieser Stelle vorgehen?"

4. Ihr trefft eine gemeinsame Vereinbarung, wie Kommunikation stattfinden soll, indem ihr Kommunikationskanäle, Formate und Informationsübergänge gemeinsam festlegt und transparent macht. Ihr einigt euch auf ein Level, das für alle passt und am sinnvollsten ist.
5. Ihr passt diese Vereinbarung iterativ und flexibel an.

Wie bereits erwähnt bin ich davon überzeugt, dass Weisheit und Wissen in einem Team bereits verankert sind. Durch das Zuhören und Fragenstellen wird beides mobilisiert und die WIR-Intelligenz aktiviert.

> **Empfehlung für Besprechungen**
> Auch könnte es für dich eine Herausforderung darstellen, wichtige Besprechungen erfolgreich vorzubereiten. Oft helfe ich Führungskräften dabei mit folgenden, einfachen und zielgerichteten Fragen. Kläre für dich in der Vorbereitung folgende Punkte:
> - Was möchte ich insgesamt in dieser Besprechung erreichen?
> - Was ist das Minimum, das ich geklärt haben möchte?
> - Wer ist für den Prozess, d. h. die Moderation, verantwortlich?
> - Wer ist für den Inhalt verantwortlich?
> - Welche Entscheidungen sollten mindestens getroffen werden? Sind alle Entscheidungsträger anwesend?
> - Wie spreche ich unangenehme Themen an?
>
> Damit hast du einen großen Schritt gemacht, da du mit Fokus und Klarheit in so eine Besprechung gehst.

Zusammenfassend: Was verstehe ich unter einer „erfolgreichen Kommunikation"? Wenn wir es schaffen, unsere Botschaft auf allen Ebenen – inhaltlich, verbal und non-verbal – konsistent, respektvoll und wertschätzend zu transportieren und unsere Empfänger dies so bestätigen. Kurz gesagt: wenn wir mit Herz und Hirn kommunizieren – und das gilt für beide Seiten, Sender und Empfänger!

Du denkst nun vielleicht: „Naja, das ist ja ein sehr hehres Ziel!" Ja, das ist es! Dessen bin ich mir bewusst. Aber es sollte uns nicht davon abhalten, diese Vision von gelingender Kommunikation stets vor Augen zu haben!

Nun stellt sich die naheliegende Frage: Wie können wir mit Herz und Hirn kommunizieren? Um diese Frage zu beantworten, gilt es, meiner Meinung nach, in die Selbstreflexion zu gehen.

> **Reflexion: Innere Kommunikation**
>
> Wie kommunizierst du mit dir selbst? Damit meine ich: wie führst du die Selbstgespräche in deinem Kopf? Wertschätzend? Sehr selbstkritisch? Oberflächlich und belanglos?
>
> Bist du dir deiner inneren Kommunikation mit dir selbst bewusst? Und wenn ja, in welcher Qualität läuft sie meistens ab? Sind deine Selbstgespräche geprägt von Selbstachtung, oder eher von hohem Leistungsdruck und innerer Kritik wie „Mach schneller!", „Na, das hättest du aber wissen können!" oder „Du bist ein Schwächling!"
>
> Wie auch immer deine innere Kommunikation abläuft, sie wird sich 1:1 widerspiegeln in der Kommunikation im Außen mit deiner Umwelt. Du stimmst nicht zu? Dann achte 1–2 Tage ganz bewusst darauf, wie deine Kommunikation im Innen und Außen stattfindet und, ob du Parallelen zwischen diesen beiden „Welten" entdecken kannst. Ich finde das eine sehr spannende Reflexion und mache sie für mich selbst immer wieder!

Und da deine Kommunikation auch beinhaltet Nachrichten zu empfangen, sei es mündlich, schriftlich etc., möchte ich dir eine weitere Frage stellen: Wie empfängst du Nachrichten? Damit meine ich: Was ist deine häufigste Grundhaltung, in der du Kommunikation empfängst? Gestresst? Genervt? Verschlossen? Erfreut? Voller Neugier? Neutral? Was ist deine Grundhaltung? Hörst du mit einem offenen Herzen zu?

Für mich ist Kommunikation etwas „Heiliges", d. h. etwas Kostbares, das Achtsamkeit, Feingefühl und Augenmerk bedarf.

Reflexion: Eigene Stärken und Schwächen in der Kommunikation erkennen

Zum Abschluss des Kapitels halte kurz inne und reflektiere für dich, wo deine Stärken und Schwächen in der Kommunikation liegen:
- Wann hast du schwierige Situationen mit dem Augenmerk auf Kommunikation gemeistert? Und wann konntest du sie nicht meistern?
- Wie sehr beeinflusst dich deine Kommunikation bei der Erreichung deiner Ziele?
- Welche Auswirkung hat deine Kommunikation auf die Zusammenarbeit mit deinem Team, deinen Kolleg:innen – auf dein gesamtes Arbeitsumfeld?

Führung

Literatur

Watzlawick P, Beavin JH, Jackson DD (2017) Menschliche Kommunikation. Hogrefe, Bern

11

Vom alten Paradigma ins Neue!

Zusammenfassung Ich vermittle den Wandel von einem alten Paradigma in der Berufswelt in ein neues. Du erfährst, wie du alte Glaubenssätze und Muster, die dir dahingehend noch im Weg stehen, auflösen kannst. Durch eine Veränderung im Innen wird eine Veränderung im Außen sichtbar. Mittels verschiedener Methoden kannst du bereits jetzt deine Zukunftsvision erleben und dein Arbeitsumfeld mitgestalten.

Wie kannst du nun einen Wechsel ermöglichen von einem alten Paradigma in ein neues? Damit all das und mehr möglich wird, von dem, was ich in den vorhergehenden Kapiteln beschrieben und geschildert habe?

Auf meinem Weg ist all das möglich geworden, weil ich mich geöffnet habe für meine inneren Impulse und meinen eigenen Freiraum und mich selbst im Verlauf der Zeit von mehr und mehr blockierenden Glaubensmustern befreit habe.

Die Bewegung in das „Land der Team Excellence" und eine Veränderung im Außen, kann nur geschehen, wenn eigene, alte Einengungen befreit und als Irrtum erkannt werden.

Wie kommst du in das neue Paradigma? Wie kann dir diese Transformation gelingen? Welche Schritte braucht es? Ich biete dir eine Erfahrungsmöglichkeit an, wie du das Neue bereits jetzt fühlen kannst. Hole dich selbst heraus aus dem Muster: „Die anderen in meinem Umfeld müssten sich ändern." Dieses Kapitel hilft dir dabei! Packe die Gelegenheit am Schopf und ändere deine Muster, Verhaltensweisen und Blickwinkel, mit welchen du die Welt siehst und einordnest. Indem du dich änderst, durch neue Verhaltensweisen, nimmst du neu Einfluss auf deine Umgebung und wirst dadurch neue Impulse setzen, die dein Umfeld „automatisch" verändern. Denn du siehst die Welt nun durch eine etwas andere Brille. Dein Gegenüber merkt diese Veränderung, implizit oder explizit, und die gesamte Situation wird sich verändern – einmal mit kleineren, einmal mit größeren Auswirkungen. Jedoch wirst du auf diese Weise immer einen Unterschied machen und eine Veränderung bewirken! Dadurch, dass du zu deiner Selbstermächtigung zurückgekehrt bist, Verantwortung für dich selbst und deinen Weg übernommen hast und selbstbestimmt vorwärts gegangen bist.

Wir haben so viele Muster und Glaubenssätze in uns, die uns oft im Wege stehen und uns blockieren. Das können Glaubenssätze und Muster sein wie:

- „Ich darf mich nicht frei entfalten."
- „Ich muss mich anpassen an gesellschaftliche Normen und Verhaltensweisen."
- „In der Berufswelt hat meine Lebensfreude keinen Platz."
- „Mein Job muss anstrengend sein, damit ich viel Geld verdienen kann."
- „Wenn ich schwer und hart arbeite, kommt viel Geld herein."
- „Ich will meiner Familie beweisen, dass ich beruflich erfolgreich bin."
- „Ich komme immer zu kurz."
- „Es ist nicht genug für alle da."
- „Die anderen sind schuld an meiner Misere."
- „Niemand ist interessiert an meiner Meinung."
- usw.

> **Reflexion: Glaubenssätze**
> - Was spricht dich davon an? Du kannst hier deine eigenen Glaubenssätze ergänzen!
> - Welche inneren Glaubensmuster, Begrenzungen und Überzeugungen hast du? Notiere dir diese und nimm sie mit in die Übung im nachfolgenden Unterkapitel.

Oft erscheint das Thema „eigene Glaubenssätze und innere Muster" als so unbewältigbar und schwierig. Fragen kommen hoch wie: Wie soll ich das denn machen? Wie kann ich hier vorgehen? Wie kann ich blockierende Muster, die mir bewusst geworden sind, ablösen und mich davon befreien? Wie kann ich mir selbst „aus dem Weg gehen", damit das Leben wieder frei fließen kann? Wie komme ich zurück in meinen Flow? – Mir ging es zumindest so.

Oft war ich ratlos, wie ich nun ein blockierendes Muster oder einen alten Glaubenssatz, den ich in mir entdeckt hatte, aufgrund einer bestimmten Situation, auflösen konnte. Wie konnte ich mich effektiv, d. h. „für immer", davon befreien? In voller Dankbarkeit dafür, was mich dieses Muster oder jener Glaubenssatz gelehrt hatte und wofür er dienlich war, aber auch in aller Konsequenz nun einen Schlussstrich zu ziehen und mich zu öffnen für Neues. Mich zu öffnen für neue Glaubenssätze, neue Muster, neue Denkräume und Handlungsoptionen. Denn dadurch würde ich mich selbst wieder in meine Selbstermächtigung und zurück in den „Driver Seat" meines Lebens begeben!

Um Altes loszulassen, probierte ich verschiedenste Methoden und Vorgehensweisen aus. Ich bin ein neugieriger Mensch und habe keine Scheu vor Methodiken und Ansätzen, die für mich neuartig sind, vielleicht anfangs nicht ganz fassbar und manche davon auch mit ein bisschen „Hokuspokus". So konsultierte ich im Lauf der Jahre immer wieder einmal, wenn ich merkte, hier oder da „hakte" es im Miteinander mit meinem Umfeld, unterschiedliche Expert:innen zu diesem Thema. Und ihre Vorgehensweisen waren mal mehr, mal weniger effektiv. Nachdem ich sehr aufgeschlossen bin und mir meine Selbstständigkeit, d. h. mein unabhängiges Handeln aus mir selbst heraus, und mein Freiraum schon immer sehr wichtig waren, begann ich selbst zu forschen. So entwickelte ich für mich selbst, nachdem ich eine neue Methode kennengelernt hatte[1], eine sehr einfache und effektive Möglichkeit, mich von alten Mustern und Glaubenssätzen zu befreien. Und diese Vorgehensweise möchte ich gerne mit dir teilen!

Es ist eine Meditation, die du immer wieder durchführen kannst, sobald du merkst und wahrnimmst, das eine oder andere steht dir im Weg bzw. wo du dir selbst im Weg stehst, wo dich etwas blockiert oder, wo du erkennst: „Damit tue ich mir schwer! In dieser oder jener Situation gelingt es mir einfach nicht über meinen eigenen Schatten zu springen!"

Du kannst diese Meditation laut lesen und dich hineinversinken, oder du hast eine App auf deinem Mobiltelefon, mit dem du die Meditation aufnimmst und im Anschluss anhören kannst. Mit deiner eigenen Stimme gelingt es dir vielleicht noch besser, zu entspannen und Altes loszulassen.

11.1 Reinigung von alten Mustern und Glaubenssätzen

Eine Audiodatei dazu findest du auf: https://caroline-rotter-consulting.com/team-excellence-buch/ oder unter diesem QR-Code, siehe Abb. 11.1:

Abb. 11.1 Reinigung von alten Mustern und Glaubenssätzen

---

[1] Ausbildung nach Gabrielle Orr.

Schließe deine Augen und spüre deine Fußsohlen gut verankert am Boden. Nimm ein paar tiefe Atemzüge – über deine Nase ein und über deinen Mund aus. Alle Gedanken, die vielleicht jetzt hochkommen, jegliche Art von Ablenkung, schickst du durch deinen Körper durch deine Fußsohlen in den Boden hinein. Lass alles abfließen. Lass alles in den Boden hinein fließen.

Und nun spüre in dich hinein: Wo spürst du diese Glaubenssätze und alten Muster? Wo in deinem Körper kannst du diese Glaubenssätze jetzt spüren? In den Händen? Im Kehlkopf? In deinem Bauch? Im Brustkorb? In der Wirbelsäule? In deinem Herzen? Vielleicht hat sich ein Glaubenssatz auch in deinem Magen oder Darm versteckt und hängt dort noch fest? Alle Körperempfindungen, die jetzt hochkommen – lass sie einfach da sein. Nimm sie einfach nur wahr. Spüre sie einfach einmal. Und heiße deine Glaubenssätze und alten Muster willkommen: Danke, dass du dich zeigst! Danke lieber Glaubenssatz, dass ich dich spüren kann. Danke, dass du mir einen Hinweis gibst, was ich jetzt loslassen darf.

Was ist jetzt bereit losgelassen zu werden? Vielleicht kannst du sogar bei ein paar Glaubenssätzen, die sich nun über deine Körperempfindungen gezeigt haben, spüren, dass sie sich freuen abgespült und losgelassen zu werden? Vielleicht kannst du spüren, dass sie ihre Aufgabe erfüllt haben und jetzt gehen möchten – dass sie bereit sind zu gehen.

Stell dir nun vor, du würdest unter einem wunderschönen Wasserfall stehen. Und klares, angenehm kühles, erfrischendes Wasser fließt über dich und durch dich hindurch. Es kann auch eine andere Flüssigkeit sein als Wasser, die sich vor deinem inneren Auge zeigt. Es ist wie eine erfrischende, reinigende Dusche, wie wenn du zum Beispiel verschwitzt bist von der Gartenarbeit oder einer Bergwanderung. Und so spülen sich nun alle deine Glaubenssätze und alten Muster fort – wie Schweiß, Staub oder Schmutz werden sie nun weggespült, herausgespült aus deinem Körper.

Und eben hat es vielleicht gerade noch nach Schweiß und Staub gerochen und jetzt riechst du einen frischen Duft, vielleicht einen zarten Blütenduft. Du siehst wie deine Haut vom Staub befreit und gereinigt wird und wie sie nun hell leuchtet. Und auch in deinem Inneren, wo deine alten Muster und Glaubenssätze zuvor noch im Körper festhingen, in der Kehle oder im Magen, spürst du nun diese Frische. Du spürst, wie diese Körperregionen nun aufgefüllt werden mit einem frischen, hellen Licht. Vielleicht kommen auch noch Farben hinzu, die du wahrnehmen kannst. Vielleicht ein Klang oder eine Melodie, die du hören kannst.

Und jetzt machst du einen Schritt zur Seite aus dem Wasserfall heraus und siehst dich an. Du betrachtest deinen Körper und siehst, wie dein Körper fast ein bisschen durchsichtig erscheint. Die Landschaft um dich herum reflektiert sich auf deiner Haut wie ein Spiegelbild. Dein Körper blitzt, glänzt und glitzert. Und du fühlst dich wunderbar erfrischt!

Dein Kopf und dein Geist sind klar, geklärt und gereinigt. Auch dein Herz. Du spürst große Freude in dir und fühlst dich bereit für neue Abenteuer! Deine Füße freuen sich auch, weil sie nun wieder bereit sind, sich weiter auf den Weg zu machen, weitere Schritte zu gehen, dein Land um dich herum zu erkunden. Und du bist voller Vorfreude, Tatendrang und Energie und setzt deinen Weg fort. Vielleicht summst du oder singst ein Lied vor dich hin, während du wie ein Wanderer oder eine Wanderin, deinen Weg fortsetzt – voller Frohsinn, Leichtigkeit und beschwingt im Herzen.

Wie fühlst du dich jetzt? Was kannst du wahrnehmen? Spürst du wie nun etwas frei geworden ist? Wie du dich befreien konntest von deinen alten Mustern und Glaubenssätzen?

Fühlst du dich unbeschwert? Beschwingt? Voller Vorfreude? Entdeckerfreude? Erfüllt von dir selbst und deiner Umgebung?

11.2 Natürlichkeit im Business leben

Lasse dich ein auf deine Natürlichkeit! Was hast du schon zu verlieren? Nichts! Meines Erachtens bereuen wir am meisten jene Dinge im Leben, die wir uns nicht getraut haben auszuprobieren. Du wirst dich selbst reich beschenken und dein Umfeld dadurch ein Stück „heller" machen – mehr Freude, Leichtigkeit und Spaß mit aufs Spielfeld bringen. Du wirst eine innere und äußere Befreiung erleben – eine Befreiung von alten, festgefahrenen Mustern, die dich bisher davon abgehalten haben, deinen persönlichen, authentischen Weg zu gehen und deinen inneren Impulsen zu folgen. Und du wirst eine Befreiung im

Außen erleben. Dein Umfeld wird von dieser Veränderung nicht unberührt bleiben. Die Veränderung wird sich auch im Außen widerspiegeln!

Sobald du die Veränderung in deinem Inneren spüren und fühlen kannst, hat sich bereits auch dein Umfeld verändert. Warum? Es ist die Brille, durch die du auf die Welt blickst und mit der du Situationen und Geschehnisse betrachtest, die du verändert hast. Und dadurch passiert automatisch und zeitgleich auch eine Veränderung und ein Wandel im Außen. Mit Gesprächspartnern, die dir zuvor noch „schwierig" erschienen, erlebst du nun eine mühelosere Kommunikation. Teammeetings und Besprechungen, die du bisher gescheut hast, erlebst du plötzlich als bereichernd und gewinnst neue Blickwinkel aus diesen Begegnungen. Aufgaben und Verantwortlichkeiten, die dir bisher „mühsam" waren, gehen dir leichter von der Hand. Und: Du wirst merken, dass du nun mit Leichtigkeit und Freude aktiv wirst und in die Co-Kreation gehst mit deinen Teammitgliedern, Kolleg:innen, Mitarbeitenden, Vorgesetzten, Kund:innen etc.

Dir wird es Spaß machen, gemeinsam zu gestalten und Neues zum Vorschein zu bringen. Du wirst mehr Freude gewinnen an deiner Rolle des Gestaltens, des Kreierens, des Freiraum Schaffens! Und dein Umfeld wird von dieser Leichtigkeit und Freude, diesem Spaß angesteckt werden. Dadurch entsteht eine neue Kraft, eine Schubkraft, die euch alle um vieles leichter und müheloser vorwärtsbringt. Vielleicht wirst du auch den einen oder anderen Moment erleben, in dem du dir denkst: „Ich kann tatsächlich auch in der Berufswelt glücklich sein! Plötzlich spüre ich hier eine Weite in meinem Freiraum, die ich nie für möglich gehalten hätte! Dass ich nach all den vielen Berufsjahren so etwas noch erleben darf! Ich kann es kaum glauben. Halleluja!"

Und dein inneres Jubeln wird sich in deinem Gesicht, in deiner Körperhaltung und in deinem Verhalten widerspiegeln. Dein Umfeld wird womöglich anfangs irritiert sein über dein neues „Menschsein", aber es wird darauf antworten und reagieren bzw. damit in Resonanz gehen auf eine wunderbare, freudvolle Art und Weise. Dein innerliches Jubeln wird zu einem äußeren Jubeln. Lasse dich überraschen auf welche Weise!

Tipp: Deine Zukunft aktiv gestalten

Nun lade ich dich abschließend dazu ein, deinem zukünftigen Ich zu begegnen. Es gibt dazu verschiedene kraftvolle Wege, die ich für mich selbst erforscht habe und immer wieder verwende.

Brief von deinem zukünftigen Ich (nach Stepper 2020)

Wähle ein Datum in der Zukunft und stelle dir vor, dass du bei der Verfolgung deiner Ziele so erfolgreich warst, wie du es dir erhofft. Dann schreibe an dein jüngeres Ich einen Brief aus der Zukunft, was passiert ist. Beantworte folgende Fragen:

- Was ist auf dem Weg in die Zukunft passiert?
- Was waren Schlüsselerlebnisse, die zu deiner weiteren Entwicklung beigetragen haben?
- Was hast du dieses Mal anders gemacht?
- Wie hast du Rückschläge überwunden?
- Wann hast du erkannt, dass du erfolgreich bist?
- Wie fühlt es sich an, erfolgreich und zufrieden zu sein?

Diesen Brief kannst du in ein E-Mail verpacken und zu dem von dir festgelegten Datum in der Zukunft zusenden lassen.

Eine Geschichte aus der Zukunft

Definiere dein zukünftiges Ziel zum Beispiel in der folgenden Weise: „Im April 20xx bin ich in der Position von … und leite ein Team von … bei …". Schreibe deine Geschichte aus der Zukunft auf, indem du dir deine Zukunftsversion so konkret und echt wie möglich vorstellst. Spüre und fühle dich hinein in deine Vision von deinem zukünftigen, beruflichen Umfeld, wie du es dir wünschst – einem Arbeitsumfeld, so wie du dich am natürlichsten und authentischsten ausdrücken kannst, wirken und gestalten kannst, in Co-Kreation mit deiner Umwelt, deinem Team, deinen Kolleg:innen. Wie fühlt es sich an? Welche Formen und Farben kannst du sehen? Entsteht vor deinem inneren Auge womöglich ein Bild dazu? Schreibe deine Geschichte aus der Zukunft so detailgetreu wie möglich nieder. Rufe dir dieses Bild regelmäßig ins Gedächtnis.

Begegnung mit deinem zukünftigen Ich

Wie du deinem zukünftigen Ich schon jetzt begegnen kannst, erlebst du in der folgenden Wahrnehmungsübung. Du kannst dir im Anschluss Notizen zu deinen Erkenntnissen machen. Ich empfehle dir, immer wieder dein zukünftiges Ich um Rat zu fragen, wenn du nicht weiter weißt, oder dich hinein zu spüren in deine zukünftige Version von dir selbst.

11 Vom alten Paradigma ins Neue!

Abb. 11.2 Begegnung mit deinem zukünftigen Ich

> Eine Audiodatei dazu findest du auf: https://caroline-rotter-consulting.com/team-excellence-buch/ oder unter diesem QR-Code, siehe Abb. 11.2:
>
> **Schreibe deine Geschichte selbst!**
> Nimm dir jeden Tag maximal 5 Minuten Zeit. Schreibe deine Ziele, Wünsche, Träume und Visionen auf. Beschreibe auch jene Gefühlszustände, die du anstrebst bzw. in denen du den Großteil deiner Zeit sein möchtest. Diese kleine Journaling-Übung richtet dich täglich aus auf dein zukünftiges Ich.

Ich habe diese Übungen schon mehrmals in den letzten Jahren gemacht. Meine Vision und mein zukünftiges Ich haben sich immer wieder verändert. Das ist normal. Und es war unglaublich für mich zu beobachten: sobald ich für mich die volle Klarheit darüber hatte, was ich wollte, und in meiner Vision beschrieben hatte, änderten sich die Dinge im Außen Schritt für Schritt hin zu meinem Zukunftsbild. Zukunft ist etwas, das ich gestalte, nicht etwas, auf das ich warte, dass es eintritt.

Ich hoffe, dass es dir gelingt! Dass du Spaß und Lust während des Lesens dieses Buches gewonnen hast, die Magie in deinem Team zu wecken. Ich war schon oft in meinem beruflichen Umfeld an einem Punkt, wo ich mir dachte: „Nein, da ist bestimmt nichts mehr zu bewegen." Und dann erinnerte ich mich an meine eigene Ausrichtung und Gestaltungskraft und war jedes Mal wieder überrascht, was doch alles möglich war!

Lasse dich davon überraschen, wie viel Magie oft mit im Spiel ist, wenn wir einfach die natürlichen Kräfte achten und adressieren. Es muss keine Extra-Anstrengung geleistet werden, sondern im Gegenteil: Anstrengung herausgenommen werden. Authentisch zu sein ist so heilsam für diese Welt! In einen entspannten Flow zu kommen, das gelingt am besten mit diesen Punkten, die ich dir vorgestellt habe. Das ist dein „Zauberkasten" als Führungskraft – sei es in der Verantwortung einer Team- oder Projektleitung. Es ist etwas ganz Natürliches, nichts Künstliches oder Konstruiertes. Es ist ein Zauberkasten, der mit den natürlichen Dingen, die in uns Menschen verankert sind, umgeht. Es ist bereits alles da! Wir müssen nur mit der Natürlichkeit der Kräfte umgehen. Und das gibt uns Bodenhaftung. Du öffnest einen natürlichen Freiraum und Denkraum und lässt alle Möglichkeiten wieder zu!

Zu guter Letzt: Mache Schildkrötenschritte. Dein Weg beginnt immer mit dem ersten Schritt. Ein Schildkrötenschritt ist ein Schritt, der zum Ziel führt, aber so klein ist, dass du ihn auch an deinem „schlimmsten" Tag leicht schaffen kannst. Oft fällt es uns leichter kleine Schritte zu machen als große. Und wenn wir die Wahrscheinlichkeit akzeptieren, dass wir nicht immer alles richtig machen werden, sondern auch einmal scheitern können, ist der Erfolg gleich um die Ecke.

Vom alten Paradigma ins neue

Literatur

Stepper J (2020) Working out loud. Page Two, Canada, S. 237–238